▶ **电商直播轻松学系列**

直播

引流与推广
从入门到精通

直播商学院 / 编著

化学工业出版社

·北京·

内容简介

《直播引流与推广从入门到精通》主要介绍直播引流和推广的实战技巧。

本书分两大模块进行讲解。直播引流篇主要介绍了直播间吸粉的技巧、直播文案引流技巧，还分平台介绍了引流技巧；直播推广篇先总结了直播推广的技巧，然后分别介绍了直播营销推广技巧、直播内容推广技巧、直播产品推广技巧以及直播活动推广技巧。

本书适合直播文案运营策划者、新人主播、想从事直播相关工作的工作人员，以及拥有一定经验的直播运营者阅读，为提高其直播引流和推广能力，实现直播带货和变现创造更好的条件。

图书在版编目（CIP）数据

直播引流与推广从入门到精通/直播商学院编著．—北京：化学工业出版社，2021.7（2022.8重印）

（电商直播轻松学系列）

ISBN 978-7-122-38849-0

Ⅰ.①直⋯ Ⅱ.①直⋯ Ⅲ.①网络营销 Ⅳ.①F713.365.2

中国版本图书馆CIP数据核字（2021）第058762号

责任编辑：刘　丹　夏明慧
责任校对：王素芹
装帧设计：王晓宇

出版发行：化学工业出版社
　　　　　（北京市东城区青年湖南街13号　邮政编码100011）
印　　装：大厂聚鑫印刷有限责任公司
710mm×1000mm　1/16　印张15　字数261千字
2022年8月北京第1版第2次印刷

购书咨询：010-64518888
售后服务：010-64518899
网　　址：http://www.cip.com.cn
凡购买本书，如有缺损质量问题，本社销售中心负责调换。

定　　价：68.00元　　　　　　　　版权所有　违者必究

2019年的一大热点是电商购物，短视频带货和直播带货是备受关注的变现方式，尤其是直播带货，业内人士一致看好，认为它有着非常好的发展前景。据统计，2019年我国直播电商行业规模高达4338亿元，直播用户超过了3亿；2020年，我国直播用户数量增长到了5.24亿。笔者相信，未来几年直播将持续受到大量关注。

越来越多的人开始重视直播引流和推广技巧。主播只有在拥有足够多粉丝的情况下，积极做好直播规划，把握直播节奏，再结合自身的实际情况及时调整和不断改进，才能在开播时抢占先机、赢得流量。基于此，笔者创作了《直播引流与推广从入门到精通》一书，本书分为直播引流篇和直播推广篇两部分。

直播引流篇主要介绍了直播间吸粉引流的技巧、直播文案引流、直播平台引流、电商直播引流、自媒体直播引流、短视频平台直播引流以及社交直播引流等内容，目的是教会读者进行多平台引流，并提供了一条从基础学起，快速掌握直播引流技巧的成长路径。

直播推广篇主要介绍直播推广技巧、直播营销技巧、直播内容推广技巧、直播产品推广技巧以及直播活动推广技巧。通过对本篇内容的学习，读者可以学习到诸多推广技巧。

用户看直播，一是看主播，二是看产品。幽默风趣的语言，能让用户长久地留在直播间，会让你的直播间形成"品牌效应"，让用户最大限度地信任主播、相信产品。

本书从多平台、多角度出发，分析用户的痛点，抓住产品的卖点，增强直播间人气，进一步提升产品转化率。通过阅读本书，主播能够整体把握直播风格，更加规范地掌握直播引流与推广技巧。

特别提醒：书中采用的抖音和快手等直播软件的案例界面，包括账号、作品、粉丝量等相关数据，都是笔者写稿时的截图，若图书出版后软件有更新，请读者以软件实际情况为准，根据书中提示，举一反三操作即可。

由于笔者水平所限，书中难免有疏漏之处，恳请广大读者批评和指正。

编著者

目录

直播
引流篇

第 1 章
**直播间吸粉引流，
快速提升主播人气**

002 ————————

第**2**章
直播文案引流，
利用话术提高影响力

027 ————————

第**5**章
自媒体直播引流，
快速吸粉的最佳方式

082

第6章
短视频平台直播，流量红利不可错失

097 ————

第7章
社交直播引流，实现批量化引流爆粉

115 ————

直播
推广篇

第**8**章
**直播推广技巧，
实现线上线下的引流**

130 ————————

第9章
直播营销技巧，
让陌生人成为新粉丝

143 ——————

第**10**章
直播内容推广，
强化用户场景式体验

165 ——————

第11章
第11章 直播产品推广，"种草"引导消费者决策

184 ——————

第 **12** 章
引爆流量的推广技巧

207

直播引流篇

第1章
直播间吸粉引流，
快速提升主播人气

对主播来说，无论是吸粉，还是提高粉丝黏性，都是非常重要的。

本章通过对吸粉和粉丝运营相关内容的解读，帮助各位主播提高吸粉和粉丝运营的能力，更好地与用户形成紧密的联系。

1.1

私域流量：粉丝的获取方法

对于任何生意来说，用户都是最重要的因素，如果主播拥有成千上万的专属用户，那么不管做什么事情，都会更容易取得成功。因此，不管是电商还是个人主播，不管是传统行业还是新媒体行业，打造自己的专属私域流量池，将用户转变为铁杆粉丝，是每一个主播都需要用心经营并为之努力的目标和方向。本节将为大家详细介绍在直播运营中吸粉引流的具体方法。

1.1.1 通过社交功能拉新引流

所谓"拉新"，即吸引新用户。对于各大App而言，拉新就是吸引用户下载和注册；对于主播来说，拉新即吸引新粉丝点击和关注。站外拉新，即通过外部的社交平台和工具进行引流，积极吸引新粉丝关注，从而提高主播人气。

接下来主要为大家介绍几种跨平台拉新的途径，跨平台最重要的是各种社交平台，微博、微信和QQ等平台都拥有大量的用户，是主播引流不能错过的。

（1）微信拉新

根据腾讯2020年数据，微信与WeChat月合并活跃用户高达12亿，实现了对国内移动互联网用户的大面积覆盖，腾讯也因此成了国内移动流量平台巨头。下面将介绍使用微信为主播拉新的具体方法。

① 朋友圈拉新。对于主播来说，朋友圈这个平台虽然一次性传播的范围比较小，但是从对用户的影响程度来说，它有着其他平台无法比拟的优势，如图1-1所示。

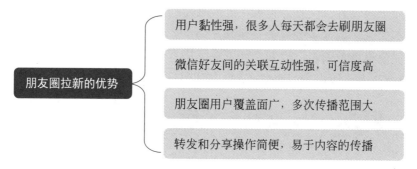

图1-1　朋友圈拉新的优势

由于主播不能在朋友圈直接进行直播分享，因此，可以通过分享短视频的方式吸引微信好友的关注，达到为直播有效拉新的目的，其中有3个方面需要重点注意，具体分析如下。

a.主播在剪辑时要注意画面的美观性。因为主播推送到朋友圈的视频，是不能自主设置封面的，它显示的就是开始拍摄时的画面。当然，主播也可以通过视频剪辑的方式，保证视频封面的美观度。

b.主播在推广时要做好文字描述。一般来说呈现在朋友圈中的短视频，好友第一眼看到的就是封面，没有更多其他信息能让用户了解该视频的内容。因此，主播要把重要的信息放在文字描述里，如图1-2所示。

图1-2　做好重要信息的文字表述

　　这样的设置，一来有助于用户了解短视频的核心内容，二来可以吸引用户点击播放该短视频。此外，主播在推广时要利用好朋友圈的评论功能。朋友圈中的文本如果字数太多会被折叠起来，为了完整展示信息，主播可以将重要信息放在评论里进行展示。比如，某主播下播后会将直播时推荐的商品发送一份到朋友圈，并在评论区贴出购买链接，如图1-3所示。

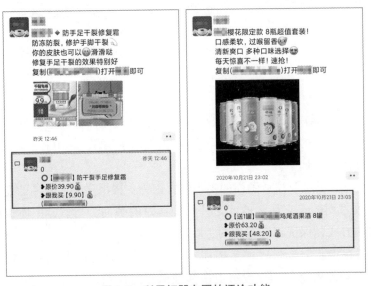

图1-3　利用好朋友圈的评论功能

这样的操作，能让浏览朋友圈的用户看到有效的文本信息，同时这也是一种比较明智的直播引流方法。

② 微信群拉新。主播还可以通过微信群发布预热短视频，群用户点击视频后可以直接查看内容，增加内容的曝光率。但主播要注意发布信息的时间应尽量与原直播时间同步，也就是说主播在快手和抖音等平台发布了直播预热信息后，要马上将其分享到微信群。

③ 公众号拉新。微信公众号，从某一方面来说，就是个人或企业等主体进行信息发布，并通过运营来提升知名度和品牌形象的平台。

主播如果要选择一个用户基数大的平台来推广直播内容，且期待通过长期的内容构建品牌或积累影响力，那么微信公众号是一个理想的传播平台。

可以说公众号的本质就是推广，因此，主播也可以通过它来推广直播节目。对那些有着众多用户和拥护者的主播而言，做好公众号的运营，同时利用公众号进行直播内容推广是一种不错的拉新方式。当然，对那些没有大量粉丝的主播而言，也可以选择这一方式逐步吸引粉丝。

在进行公众号运营的过程中，主播需要从3个方面加以注意，才能事半功倍，具体分析如下。

首先，明确公众号的目的。在推广直播内容之前，主播需要做好公众号定位，明确微信公众号的运营目的，这是做好公众号的基础。

其次，要创作出具有吸引力的内容。对主播而言，赢得更多的用户关注是其推广内容的根本目标，这些目标需要主播通过各种形式来实现。对于主播来说，具体有以下4点要求，如图1-4所示。

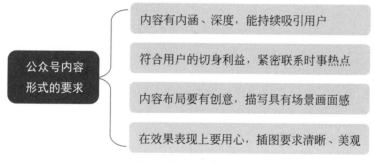

图1-4 公众号内容形式打造的要求

最后，对用户来说，他们需要一些耳目一新的内容、形式或布局，以增加体验感，这样他们才会有意愿去点击阅读。从这个角度来看，主播可以从3个方面对微信公众号的相关内容加以提升，如图1-5所示。

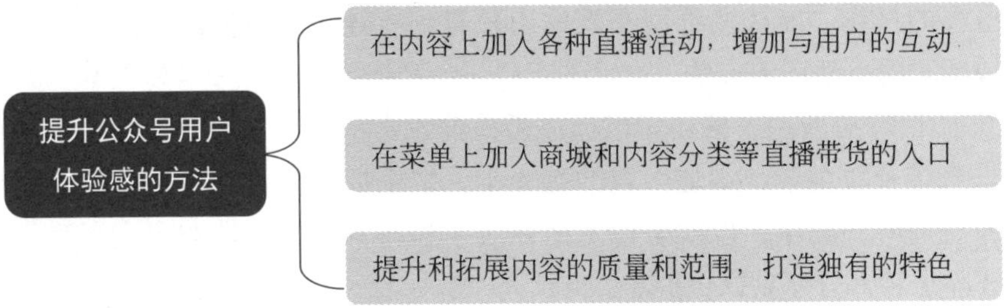

在内容上加入各种直播活动，增加与用户的互动

提升公众号用户体验感的方法

在菜单上加入商城和内容分类等直播带货的入口

提升和拓展内容的质量和范围，打造独有的特色

图1-5　提升用户体验感的方法

举个例子，"手机摄影构图大全"是构图君创建的微信公众号，主打的是摄影领域中的构图垂直领域。经过3年多的发展，该公众号不仅集聚了大量粉丝，在内容形式上也有了更丰富的呈现，并逐渐发展到了直播领域，如图1-6所示。

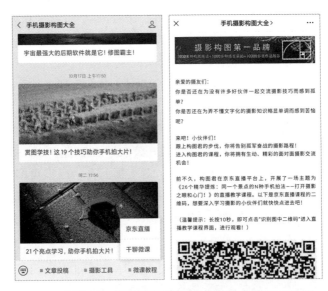

图1-6　"手机摄影构图大全"公众号

与自建公众号推广直播内容和借助实力大号推广直播等方式不同，"手机摄影构图大全"公众号采用的是基于自身平台内容，再与其他大号或电商平台合作的形式，以此来推广直播。

在"手机摄影构图大全"直播课程的推广和发展中，该主播综合了多方面的资源，具体可分为3类途径，下面进行详细介绍。

自身公众号推广：在推广自身直播内容时，主播可以利用自己的公众号平台进行直播信息的推送，以此进行平台内或跨平台引流，主播通过这种方式获取到的大多是精准粉丝，如图1-7所示。

图1-7　直播信息的推送

更重要的是在公众号平台上，该主播还就已直播过的内容进行了回顾和梳理，以便用户更好地理解和掌握，如图1-8所示。

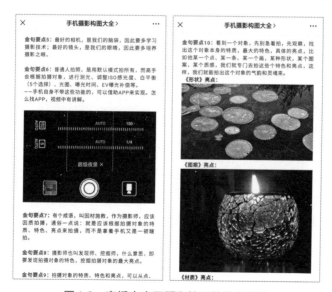

图1-8　直播内容回顾和梳理的信息推送

与实力大号合作："手机摄影构图大全"公众号是一步步成长起来的，它在初建阶段尽可能地利用优质内容来引流。

基于此，该公众号在直播时，与摄影领域实力大号"××手机摄影"合作，在千聊Live上开展了一场直播微课，大力推广其直播内容。图1-9所示为"××手机摄影"公众号推送的直播课程信息。

图1-9 "××手机摄影"公众号推送的直播课程信息

对接电商平台：构图君不仅是"手机摄影构图大全"公众号的创建者，同时还是一个精于摄影领域的作家，著有几十本摄影构图畅销专著，这些书籍在京东商城上的销售成绩都不错。

（2）QQ拉新

作为最早的网络通信平台，QQ拥有强大的资源优势以及庞大的用户群体，是主播必须巩固的引流阵地。

① QQ签名引流。主播可以自由编辑或修改"签名"的内容，在其中引导QQ好友关注直播账号。

② QQ头像和昵称引流。QQ头像和昵称是QQ的首要流量入口，主播可以将其设置为自己的头像和昵称，增加主播账号的曝光率。

③ QQ空间引流。QQ空间是主播可以充分利用起来的一个好地方，在QQ空间推广直播更有利于积攒人气，吸引更多人前来观看。下面笔者就为大家介绍6种常见的QQ空间推广方法，如图1-10所示。

④ QQ群引流。主播可以多创建和加入一些与直播相关的QQ群，多与群友交流和互动，让他们对你产生信任感，你可以进一步发布直播链接进行引流。

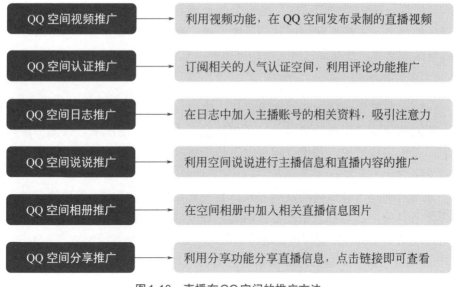

QQ 空间视频推广	利用视频功能，在 QQ 空间发布录制的直播视频
QQ 空间认证推广	订阅相关的人气认证空间，利用评论功能推广
QQ 空间日志推广	在日志中加入主播账号的相关资料，吸引注意力
QQ 空间说说推广	利用空间说说进行主播信息和直播内容的推广
QQ 空间相册推广	在空间相册中加入相关直播信息图片
QQ 空间分享推广	利用分享功能分享直播信息，点击链接即可查看

图 1-10　直播在QQ空间的推广方法

⑤ QQ兴趣部落引流。QQ兴趣部落是一个基于兴趣的公开主题社区，能够帮助主播获得更加精准的流量。主播也可以关注QQ兴趣部落中的同行业达人，多评论他们的热门帖子，甚至可以在其中添加自己的相关信息。

（3）微博拉新

在进行微博推广的过程中，"@"这个功能非常重要。在博文里可以"@"名人、媒体或企业，如果媒体或名人回复了你的内容，你就能借助他们的粉丝扩大自身的影响力。若名人在博文下方评论，你会受到很多粉丝及微博用户关注，那么直播视频就会被推广出去。图1-11所示为利用"@"进行引流的案例。

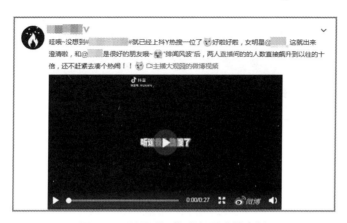

图 1-11　利用"@"进行引流的案例

可以说，微博"热门话题"是一个制造热点信息的地方，也是聚集网民数量最多的地方。主播要利用好这些话题，推广自己的直播信息，也可以发表自己的看法或感想，提高自己博文的阅读量和浏览量。

（4）音频软件拉新

音频内容的传播适用范围更为多样，用户在运动、读书甚至工作等多种场景，都能悠闲地收听音频节目。音频相比视频来说，它更能满足人们的碎片化需求。对于主播来说，利用音频平台宣传主播和直播信息，是一条非常不错的营销思路。

音频营销是一种新兴的营销方式，它主要是以音频为内容的传播载体，通过音频节目推广品牌和营销产品。随着移动互联的发展，以音频节目为主的网络电台迎来了新机遇，音频营销也得以进一步发展。音频营销的特点具体如下。

① 闭屏特点。闭屏的特点能让信息更有效地传递给用户，这对直播推广而言是很有价值的。

② 伴随特点。相比视频、文字等载体来说，音频具有独特的伴随属性，它不需要视觉上的精力，只需耳朵收听即可。

以喜马拉雅FM为例，它是一款知名的音频分享的应用，用户可以通过它收听国内外几十万个音频栏目。喜马拉雅FM具有以下功能特点，如图1-12所示。

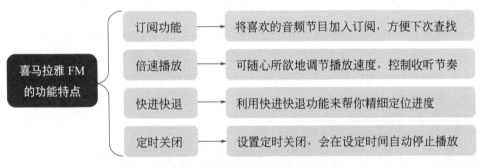

图1-12　喜马拉雅FM的功能特点

在喜马拉雅FM平台上，用户可以直接通过搜索栏寻找自己喜欢的音频节目。因此，主播只需根据自身内容选择热门关键词作为标题，便可将内容传播给目标用户。此外，主播还应该充分利用用户碎片化的需求，通过音频平台来发布直播信息广告，音频广告的营销效果比其他形式的广告投放更为精准。而且，音频广告的运营成本比较低，十分适合新主播。

例如，美食主播可以与"美食"相关的音频栏目合作。因为这些节目通常有大量关注美食的用户收听，广告的精准度和效果会非常好。

1.1.2 通过创建社群增强用户黏性

虽然用户进入粉丝群之后不一定会聊天，但是确有很多人很想进群，因为群里通常会分享很多内容。所以，主播可以结合粉丝的需求，用粉丝社群来维护关系和提升黏性。

为什么鼓励主播去运营社群？因为运营社群有如下3个好处。

① 引爆流量。比如，某主播组建一个粉丝交流群，他可以设置一个进群的条件：推荐几人进群或转发朋友圈可免费进群。这些想进群的人瞬间就变成了社群宣传员，而社群也就实现了裂变传播。

这种裂变可以快速招揽粉丝，而且招揽的都是精准粉丝。如果主播想组建这种社群，只需要从朋友圈找100个人，这100个人就可能帮你裂变出500个人，然后500个人后期还会裂变，再裂变。这种持续的裂变，可能会让社群在短短两三个月内从100人拓展到5000人。

② 容易获取精准粉丝。每个直播社群都有它的主题，而社群成员也会根据自身目的选择自己需要的直播社群。所以，一旦他选择进入某主播的社群，就说明他对该主播的主题内容有需求。既然是对社群的主题内容有需求，那他自然就是精准粉丝了。

③ 快速变现。既然这些进群的都是对主题内容有需求的精准粉丝，那么主播只需解决他们的需求，获得他们的信任，就可以实现快速变现了。

当然，直播社群的种类是比较丰富的，每个社群能达成的效果都不尽相同。那么，主播可以加入和运营哪些社群呢？下面就来回答这个问题。

（1）建立或加入大咖社群

大咖是有很多社群的，毕竟大咖的粉丝量都比较庞大，而且每天要做的事情也比较多，没有时间和精力私聊。所以，他们通常都会通过社群和自己的粉丝进行沟通。

对于大咖社群这种方式，我们可以从两个方面进行运营：一方面，当主播拥有一定名气时，可以将自己打造成大咖，并建立自己的大咖社群；另一方面，当主播名气不够时，可以寻找一些同领域的大咖社群加入，从中获得一些有价值的内容。而且，这些社群中有一部分可能就是潜在粉丝，主播可以与这些人进行联系，为后续带货和卖货做好铺垫。

（2）建立自己的社群

自建社群，简而言之就是创建属于自己的社群。主播可以创建社群的平台有很多，除了常见的微信群之外，还可以用QQ群等。

社群创建之后，主播需要进行多渠道推广，吸引更多人进群，增加社群的人数和整体的影响力。在推广的过程中，主播可以将社群作为引诱点，吸引精准粉丝加入。比如，做服装直播的主播可以将"想进服装直播社群的联系我"作为引诱点。

笔者曾经在百度贴吧上做过测试，通过这种引诱点的设置，在短短两天的时间内，就吸引了1000人加群。这还只是百度贴吧吸引的粉丝量，如果再在其他平台一起宣传，那吸引的粉丝量就非常可观了。

（3）建立平台社群

平台社群既包括针对某个平台打造的社群，也包括就某一方面的内容进行交流的平台打造的社群。

平台社群其实比较好运营，因为社群里很少有大咖长时间服务。即使这些群邀请来了大咖，他们也只会在对应的课程时间内分享内容，时间一过基本上就不会再说话了。主播可以在群里长期服务，跟群员混熟。笔者之前加入了某主播的社群，跟群员混熟之后，分享一条引流信息，便有300多人添加笔者的微信。

总而言之，平台社群有非常丰富的粉丝资源，主播需要合理运用。当然，在平台社群的运营中，我们还需要服务得高端一点。在直播过程中，主播要尽可能显得专业，产出的内容要有价值，要让社群成员在看到内容之后产生需求。

（4）提供社群服务

社群服务就是将已进行了消费的人群聚集起来，提供相关的服务。比如，某主播建了一个用户群，把在直播间里买过产品的人都拉进来，通过在群里提供服务，可以拉近与用户之间的关系，促成用户的二次消费。

这一类社群中的成员通常有两个特点：一是在直播间已经有过了一次消费，普通的产品宣传很难让他们提起兴趣；二是在加入社群之后，他们可能不太愿意主动在群里与主播进行沟通。

因此，这一类社群更多是在直播促销时作为一种助力来使用。比如，直播间中有打折优惠活动时，主播可以将相关的信息发布到社群中，吸引社群成员围观直播活动，促使他们购买相应的产品。

1.1.3　通过个人主页站内拉新

除了利用社交平台和社群拉新之外，主播还可以在商家店铺和微淘等渠道进行预热，引导用户和粉丝访问直播间，提高直播间活跃度，进而获得更多的流量和曝光。

以淘宝直播为例，接下来具体介绍3种站内拉新的方式。

① 淘宝店铺的首页可以放入直播提示模板，如图1-13所示。

② 设置自动回复，让客户都能看到相关信息，如图1-14所示。

图1-13　淘宝店铺首页预热

图1-14　设置自动回复

③ 通过淘宝中的"微淘"渠道发布直播信息，这也是一个有效、直接的方式，如图1-15所示。

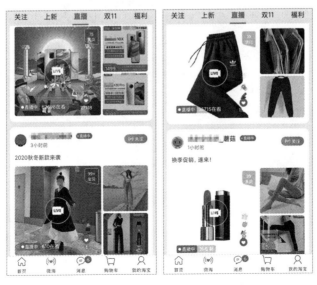

图1-15　在"微淘"发布直播信息

1.2
巩固粉丝：提高粉丝的忠诚度

当拉新成功，主播积累了一定量的粉丝，就有了基础。这时候如何将吸引过来的用户转化为粉丝，以及如何巩固粉丝，就是非常重要的工作了。接下来将从5个方面详细分析如何提高粉丝的忠诚度。

1.2.1 通过打造人设来吸引粉丝

许多用户之所以长期关注某个主播，就是因为该主播打造了一个吸睛的人设。因此，主播如果打造了一个让用户容易记住的和足够吸睛的人设，便可以持续吸引粉丝。

例如，直接将账号的人设放在账号简介中进行说明。图1-16为快手账号，该运营者便是通过这种方式打造"热爱运动的欢乐少年"人设的。

图1-16 通过账号简介打造人设

1.2.2 用个性的语言来吸引粉丝

许多用户之所以会关注某个主播，主要是因为这个主播有着鲜明的个性。

构成主播个性的因素有很多，个性化的语言便是其中之一。因此，主播可以通过个性化的语言来打造鲜明的形象，从而吸引粉丝的关注。

主播进行直播时主要由两个部分组成，即画面和声音。具有个性的语言可以让直播更具特色，同时也可以让整个直播对用户的吸引力更强。一些个性化的语言甚至可以成为主播的标志，让用户一看到该语言就会想起某主播，甚至他们在看某位主播的视频和直播时，会期待其标志性话语的出现。

例如，"口红一哥"在直播时，经常会说"OMG（英文Oh, My God！的常用缩写）！""买它买它！"，于是这两句话便成了该主播的标志性话语。再加上他粉丝众多，影响力比较大，所以当其他主播说这两句话时，许多人也会联想到该主播。

"口红一哥"深谙此道，他在直播时经常用这两句话来吸睛。图1-17为其根据直播素材剪辑出的短视频，我们可以看到视频里赫然写了"OMG！"。用户在看这两条视频时，会觉得非常有特色，进而关注该主播，这便顺理成章地达到了吸引粉丝的目的。

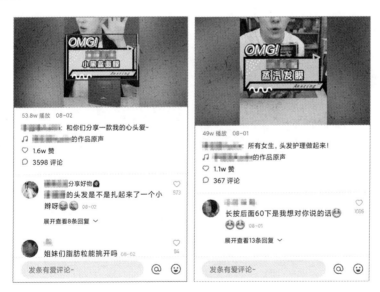

图1-17　某主播根据直播素材剪辑出的短视频

1.2.3　互相关注粉丝来增强黏性

如果用户喜欢某个主播的直播内容，就可能会关注该主播，以方便日后查看该主播的直播。虽然关注只是用户表达对主播喜爱的一种方式。

如果用户关注了主播，主播也选择关注他，用户就会觉得自己受到了重视。在这种情况下，被关注的粉丝就会更愿意持续关注该主播的账号，粉丝黏性自然就大大增强了。

1.2.4 挖掘用户痛点来满足需求

想要巩固粉丝，我们可以输出一些有价值的内容。在网络时代，文字的真实性越来越受到质疑，而主打真实声音和视频直播的App开始流行起来。例如，喜马拉雅FM发展至今拥有数亿用户，其所依靠的就是真实的声音，并利用声音作为内容载体为粉丝带来价值。

喜马拉雅FM的定位比较成功，它为用户提供了有声小说、相声评书、新闻、音乐、脱口秀、段子笑话、英语以及儿歌、儿童故事等多方面内容，满足了不同用户群体的需求。在App的功能上，喜马拉雅FM也以真实的声音为核心，并推出了直播功能，如图1-18所示。

图1-18 喜马拉雅FM的直播相关页面

无论什么时候，内容营销最重要的一点就是聚焦用户的痛点或需求（即他们最关心的问题、兴趣点或欲望），主播可以从这些方面为他们带去更有价值的内容。

挖掘痛点是一个长期的过程，但是主播在寻找用户痛点的过程中，必须注意以下3点，如图1-19所示。

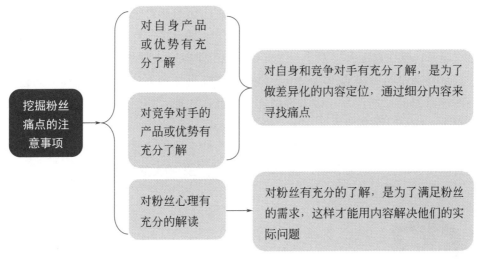

图1-19 挖掘粉丝痛点的注意事项

那么，在主播的内容营销中，用户的主要痛点有哪些呢？本书总结为以下5点，如图1-20所示。

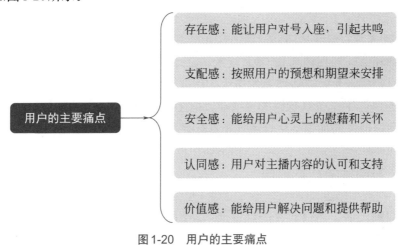

图1-20 用户的主要痛点

主播在创作内容的过程中，可以从以上方面入手，弥补用户在现实生活中的各种心理落差。

1.2.5 将产品特色与热点相结合

在直播营销中，主播既要抓住产品的特点，又要抓住当下的热点，两者相结合才能产生最佳的宣传效果，打造出传播广泛的直播。

例如，在双十一期间，主播可以紧紧抓住热点和自家产品的特点，进行别具特色的直播。天猫商城某家具旗舰店开了一场直播，它紧密围绕双十一这一热点展开，其主题就是"双十一大促销，全品类家具大降价"。

在直播中，主播通过聊双十一热点和趣味事件的方法与用户互动，话题始终围绕自家的家居产品，极力推销优势产品。比如，如何躺在舒适的沙发上观看双十一晚会，怎样靠在椅子上"剁手"等。

总而言之，主播如果能够将产品特色与时下热点结合，就能让用户既对你的直播全神贯注，又被你的产品所吸引，从而产生购买的欲望。

1.3

多个平台：增加直播间的热度

5G技术的发展和Wi-Fi 6（第6代无线网络技术）的普及给直播行业提供了更为清晰和流畅的视频画质，VR技术和云计算等各项技术的成熟使得直播形式和场景日趋多元化，这些技术的迭代更新都给直播行业带来了更大的发展空间。在这样的条件下，各式各样的直播孕育而生。因此，未来我们可以看到，市场的下沉和全球化的加强会使直播行业具有更大的潜力和发展空间。

1.3.1　最便捷的社交平台

在直播之前，主播对直播进行推广和预热是十分有必要的，只有这样才能获得一定的流量。因此，主播可以选择某些社交平台进行直播预告，下面进行详细讲解。

（1）微博

在微博平台，用户只需要用很短的文字就能反映自己的心情，或者只需要几张图片就能表达出自己的目的。正因为微博这种便捷和快速的信息分享方式，大多数企业、商家和直播平台开始抢占微博，并利用它的"微营销"模式开启网络营销市场的新天地。

在微博上引流主要有两种方式，第一种是主播利用展示位传达相关信息，第二种方式更为常见，主播只需在微博内容中提及直播或者相关产品，就可以增强自己的知名度。

例如，各大直播平台都开通了自己的微博账号，而主播、明星和名人也可以在自己的微博里分享自己的直播链接，借此吸引更多粉丝。

（2）微信

微信与微博不同，微博是广布式营销，而微信是投递式营销，引流效果更加精准。因此，粉丝对微信推广来说尤为重要。

尤其是微信的朋友圈，相信不用笔者说，大家都知道，主播可以利用朋友圈的强大社交性为自己的账号吸粉引流。因为与陌生人相比，微信好友的转化率较高。例如，在直播之前，主播可以将直播链接分享到朋友圈，朋友可以直接点击观看直播。

这种推广方法对于刚入门的主播更为适用，因为熟人会更愿意帮助新人做推广，帮助主播逐渐扩大影响力。

（3）知乎

知乎平台主要是知识分享和经验交流的平台，因此，主播可以利用自己的专业知识进行教育直播或科普直播，向用户传授知识或经验。在知乎平台，主播也可以结交一些经验性强的用户。

知乎有细化的分类，主播在发布预告时可以寻找相同爱好者，甚至还能在知乎平台进行直播，如图1-21所示。

图1-21　知乎直播

除了直播以外，知乎的盐选会员还可以免费观看Live讲座，如图1-22所示。在Live讲座里有许多经验性的课程，用户可以学习到更多的专业知识。相对于普通直播来说，Live讲座的内容更具"干货"性。

图1-22　知乎Live讲座

1.3.2　低成本的口碑营销

"种草"和"安利"都是在口碑营销中所产生的词，对于主播来说，想要形成口碑需要哪些因素呢？笔者认为可以从以下3点出发。

① 服务：提高产品的服务，进而形成口碑。

② 设计：可以利用"颜值"取胜，通过产品的外形或者设计来"种草"，也可以是产品新颖的名称。

③ 性价比：利用性价比形成口碑，进行"种草"。

（1）优质服务

优质服务能让消费者在消费过程中获得好的购买体验，因此，服务也是主播带货中的重点。总而言之，在直播带货中，主播可以通过树立好的人设赢得粉丝的喜爱。换句话说，就是让粉丝觉得你是一个"良心"主播，你"安利"的产品也非常"良心"。

优质的服务都是站在用户的角度，让用户感到开心或满足，这些都是主播建立服务口碑的开端。

　　优化物流服务也是主播提高服务质量的重点，用户收货的时间越短，他们对店铺的印象也就越好。因此，主播提升自身商品的物流服务，除了让用户拥有一个很好的物流服务体验，还可以为自己的品牌赢得好口碑，进而形成服务型口碑。

（2）优良的设计

　　产品需要有一个好的设计，因为好的设计能激发用户的购买欲。比如，如今大部分用户都处于奔走忙碌的状态，他们对那些花里胡哨的设计早已失去了兴趣，这时，一个极简主义的桌椅或小台灯，就能让他们的心情放松下来，甚至产生购买冲动。若产品还符合人体力学，也列出来，用户被"种草"的可能性将大大提升。

（3）高性价比

　　性价比是利用口碑"种草"的常见词，性价比的重点在于价格与效果的平衡。产品本身的效果与价格相匹配，或者让人觉得超出产品价格。

　　主播在利用产品的性价比进行直播带货时，需要重点表现产品的质量与价格的平衡，高性价比产品针对的多为注重产品质量的用户群体，多是平价或者中端产品。

　　在笔者看来，直播带货中影响口碑"种草"的因素有2个，分别是产品和主播，如图1-23所示。

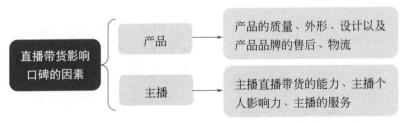

图1-23　直播带货中影响口碑"种草"的因素

　　一些平台也会针对直播中的商品按照热度进行排名，排名榜的存在也推动了产品的口碑"种草"，让更多的用户根据榜单热度下单。那么，一个好的口碑又具有哪些影响呢？

　　① 挖掘潜在消费者。口碑营销在消费者购买行为中影响重大，尤其是对潜在消费者群体，这类用户会询问使用过产品的消费者，或者查看产品下方评论，以查找用户使用感受。所以，已使用过产品的消费者的评价，在很大程度上会

影响潜在用户的购买欲望。

② 提高产品复购率。对于主播来说，口碑是社会认同的体现，所以拥有好口碑的主播，除了可以提高产品的复购率，还能提升品牌的信誉值。

③ 增强营销说服力。口碑营销相较于传统营销，更具感染力。口碑营销的营销者其实是使用过产品的用户，而不是品牌方，这些使用过的用户与潜在消费者一样都属于消费者，对潜在用户更有营销说服力。

④ 节约营销成本。主播建立好的口碑，能够节约品牌在广告投放上的成本，为自身的长期发展节省宣传成本。

⑤ 促进企业发展。口碑营销有助于减少企业营销推广的成本，并增加消费者数量，最后推动企业成长和发展。

1.3.3 多个平台共同推广

平台联盟指多个平台进行直播预告，例如主播在直播时，将直播链接分享到各个社交渠道，如微博、微信以及知乎等。除此之外，主播还能在其他直播平台进行分享，如抖音和快手等短视频平台。比如，许多游戏主播会在B站和微博中分享游戏直播视频，如图1-24所示。

图1-24　某主播在B站和微博分享游戏直播视频

1.3.4　效果明显的软文引流

软文是相对于硬性广告而言的，是由企业的市场策划人员或广告公司的文案人员负责撰写的"文字广告"。相对于其他广告形式，软文广告无疑是一种低成本的广告，但这种低成本的广告形式，却创造出了巨大的推广和营销效果。因此，主播也可以积极利用软文发布直播预告。

主播想要吸引用户阅读直播类软文，就需要掌握一定的软文撰写技巧。关于软文标题和正文的撰写，需要考虑吸引用户的因素，从而提升用户的关注度，实现直播信息的推广，具体内容如下。

（1）绑定兴趣点

在长期生活中，用户总会形成一定的兴趣爱好，或是在一定的时间范围内，因为某些原因对某一领域感兴趣。如果主播从用户长期感兴趣的某个方面着手，将软文标题或内容与之绑定，这样极易引起用户关注。

（2）凸显利益点

在社会生活中，总是存在着与用户的切身利益息息相关的话题和关注点，如出行的人会关注目的地的天气信息，进行股票投资的人会关注股市行情和相关行业政策变化，临近退休的人会普遍关注养老政策的变动等，这些都是用户基于切身利益关注某些特定内容的案例。

在直播信息推广中，主播可以基于用户利益进行切入，并着重凸显利益点。

（3）嵌入话题热点

所谓热点，就是在一定时期内，容易受到人们关注的话题或信息，主要包括两个方面的内容。

① 现实生活中刚发生的或是还在持续进行的新闻热点。

② 比较容易受人们欢迎的某些地域热点。

更重要的是，这种热点是可以纵向深入和横向延伸的，具体内容如下。

① 一个时间段内，热点事件中内容最为深刻的事件。

② 与热点具有关联性的横向延伸的扩散热点。

热点之所以为热点，就在于它备受人们关注，这一关注者基数决定了热点的吸引力。主播可以在软文标题和内容中嵌入热点话题，这样可以极大地提升软文的搜索率，从而达到软文引流的目的。

例如，在《别再让"伪早教"毁孩子，激活孩子大脑，做到这3点就够了！》一文中，该主播在标题和内容上就把直播教育与幼儿早教结合起来，如图1-25所示。不仅成功嵌入了热点话题，还充分展现了直播教育的价值和利益点。

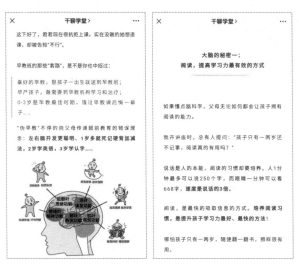

图 1-25　嵌入话题热点推广直播

1.3.5　传统的线下推广方式

线下活动作为营销推广方式的一种，主要是利用实际生活中的线下活动获取更大的网上流量，进而可以优化推广效果。

例如，为了宣传一个品牌，你在学校做了一场活动，如果是通过发传单或者演讲的形式让路人了解，那么这样的推广效果往往很有限，因为宣传的影响范围比较窄。但如果你在做活动的同时进行直播，就会有更多的人从网上了解这个活动，尽管他可能不会来到活动现场，但他可以通过直播知道这场活动，于是品牌在无形之中得到了推广。

线下活动推广是一种传统的推广方式，与直播相结合是不可更改的趋势。两者相结合能够最大程度发挥出营销的效果，是一件两全其美的事情。这种推广模式的优势共有3点：粉丝更多、参与度更高和传播范围更广。

更多渠道：直播间吸粉引流

笔者在前文向大家介绍了在私域流量和公域流量中获取粉丝和获得更多曝

光的方法，在直播间也是能吸粉的，本节将具体介绍这种方法。

1.4.1 获得高人气的直播技巧

下面总结了一些让直播间人气暴涨的技巧，如图1-26所示。

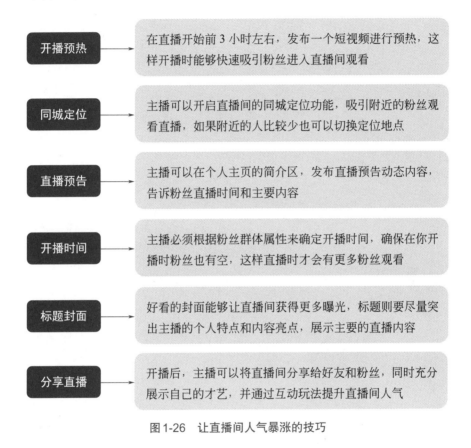

图1-26 让直播间人气暴涨的技巧

另外，主播也可以积极参与平台推出的直播活动，赢取更多曝光机会和流量资源。

1.4.2 粉丝与收益双提升技巧

直播变现是很多主播梦寐以求的，下面是根据部分平台的直播变现方式，总结的一些提高直播间粉丝量和收益的技巧。

① 主播任务。在某些直播软件界面，主播可以通过"主播任务"选项查看

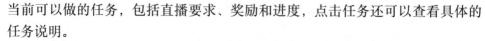

当前可以做的任务，包括直播要求、奖励和进度，点击任务还可以查看具体的任务说明。

　　② 礼物道具。在直播时，喜欢主播的观众会送出各种礼物道具，此时一定要对粉丝表达感谢之情。主播可以通过活动来提升直播间热度，收获更多的粉丝礼物，同时还可以冲进比赛排名榜，得到更高的礼物收入。

第2章
直播文案引流，利用话术提高影响力

直播文案是直播引流和营销的重要组成部分，想要吸引用户眼球，关键在于直播文案是否有创意。

本章主要从直播标题、直播过程中的文案、直播文案的特质、语言表达和说话技巧5个角度进行详细解说，以帮助主播提高直播间的人气，更好地引流和营销。

直播标题：4个创作技巧

主播要想吸引用户进直播间观看直播，那么一个好的直播标题是必不可少的。一般来说，除了封面之外，用户最先看到的就是直播的标题了。标题能起到画龙点睛的作用，是决定用户是否点击直播间的关键因素。所以，下面笔者就来详细讲解直播标题的创作技巧，帮助新人主播提高直播间的吸粉率。

2.1.1　流行创意语标题

流行创意语类型的直播标题就是将网上比较流行的词、短语或句子嵌入直播间标题中，让用户一看就觉得十分有新意，很奇特。如"我不要你觉得，我要我觉得""我太难了""硬核""柠檬精""宝藏男孩"等。

这种网络流行语经常被运用在微信朋友圈和微博中，因为这类网络流行语的传播速度极其快，读起来不仅诙谐幽默，还朗朗上口。在撰写直播间标题时，主播也可以适当使用网络流行语，以夺人眼球。图2-1即为运用流行语的直播标题。

图2-1　运用流行语的直播标题

案例中的直播标题为"好心态不口嗨，努力成为宝藏男孩"，主播运用了"宝藏男孩"这个网络流行用语，表明主播想成为一个才华横溢、浑身是宝的人，并以此来吸引用户，提高人气。

流行创意语的运用紧跟时代潮流又充满创意，有夺人眼球的吸睛效果，用户十分乐意去观看这一类型的直播。

2.1.2　借势类型直播标题

借势主要是借助热度和时下流行的趋势来进行传播，借势类型直播标题的运用具有以下几个技巧，接下来进行一一讲解。

（1）借助热点

热点最大的特点就是关注的人数多，所以巧借社会热点写出来的直播标题，关注度和浏览量都会很高。那么，我们应该如何寻找并利用热点呢？

主播平时可以多在网上关注明星的动态、社会事件以及国家新出台的政策等，然后将这些热点与直播的标题结合起来，这样能吸引那些关注和讨论这些热点的用户的兴趣和注意力。图2-2即为借助热点的直播标题案例。

图2-2　借助热点的直播标题案例

《一人之下》动画改编自同名漫画，受到广大观众的喜爱和追捧，成了一个非常热门的超级IP。2020年5月27日，《一人之下》手游在全平台上线，引起IP粉丝的高度关注。所以，某主播就以《一人之下》手游的名字作为直播标题，做了一场手游直播，来吸引该IP粉丝。

（2）借助流行

很多主播在撰写直播标题时，经常会借用一些流行元素来引发用户的情感共鸣，达到让用户点击的目的。这种流行元素有点类似于"彩蛋"，"彩蛋"就是那些在作品中如果不仔细寻找就可能被忽略的有趣细节，它的作用是给观众制造意外的惊喜。

常见的流行元素有流行歌词或电影中的经典台词，下面这个直播标题就采用了流行元素，如图2-3所示。

案例中的直播标题是"你笑起来真好看"，出自抖音流行歌曲《你笑起来真好看》，当用户看到直播间的标题时，会情不自禁地想起这首歌，从而激发用户的兴趣和情感共鸣。

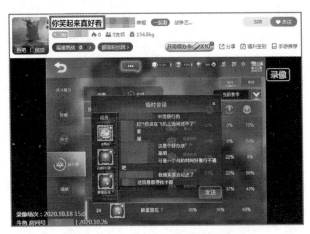

图2-3　借助流行元素的直播标题案例

（3）借助名人

名人具有一定的影响力，特别是娱乐明星，所以很多企业在发布新产品时，通常会请比较出名的明星来代言，借助名人的影响力或明星的流量来提升新产品的热度和宣传效果。借助名人的影响力可以大大提高直播间的人气，可对主播直播带货起到很好的营销作用，如图2-4所示。

图2-4　借助名人影响力的直播案例

借助名人的影响力一般有两种情况：一种是在直播标题中直接增添名人的名字来命名；另一种是请名人来直播间做嘉宾，直接参与直播。

（4）制定方案

在撰写直播标题时，通过方案借势打造或推广品牌的方式非常有效，尤其是大品牌运用方案借势的效果更为明显。大品牌制定方案来为直播造势的例子有很多，比如"双十一狂欢购物节""520告白节""京东618"等。图2-5即为品牌方借势"双十一"活动的直播标题案例。

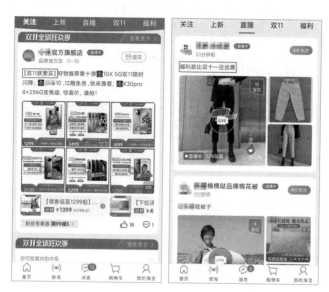

图2-5　运用方案借势的直播标题案例

2.1.3　提问类型直播标题

提问也是直播标题表达的形式之一，对于提问类型的直播标题，我们需要把握以下几大要点，具体内容如下。

（1）疑问句式

在直播标题的撰写中，疑问句式标题的作用主要表现在以下两个方面。

① 疑问句式中所涉及的话题大多和用户关系比较密切，所以以用户的关注度比较高。

② 疑问句式本身就能够引起用户的注意，激发其好奇心，从而促使用户点击直播。

疑问句式的直播标题有一些比较固定的句式，通常是提出某个具体的问题让用户反思，当用户对此产生兴趣和好奇心之后，就会产生到直播间寻找原因和答案的冲动，这样无形之中就提高了直播间的点击率。图2-6即为疑问句式的直播标题案例。

图2-6　疑问句式的直播标题案例

案例中的直播标题为"今天你冒险了吗？"。很明显，这是一个常见的疑问句式，用户看到这个标题时不禁也在思考自己今天有没有在"冒险岛"这个游戏里冒险，从而对该主播产生好奇心，想观看其直播。

（2）"如何"句式

"如何"的意思就是采取什么样的方式或方法，运用"如何"句式的标题表示主播有帮助用户解决实际问题的办法。图2-7即为"如何"句式的直播标题案例。

图2-7　"如何"句式的直播标题案例

案例中的直播标题为"如何快速升级，主播来教你"，对级别低或升级难的"战争艺术：无限进化"玩家来说，有很大的吸引力。这样的标题能明确直播的用户群体，帮助主播快速找到自己的目标用户。

（3）反问句式

反问句的作用是加强语气，将这样的句式运用到直播标题中能引发用户反思，给用户留下深刻的印象。反问句分为肯定反问句和否定反问句。反问句常见的句式大多是否定反问句，也就是表示肯定的意思。图2-8所示为反问句式的直播标题案例。

图2-8 反问句式的直播标题案例

从上面的直播标题案例中我们可以看出，主播通过"志在山顶的人，岂会贪恋山腰的风景"的反问，来明确表达"志在山顶的人，不会贪恋山腰的风景"的观点和态度。反问句式的直播标题有强调的作用和效果，能大大加强语气和气势，更能引起用户的注意和兴趣。

（4）"文题相符"

"文题相符"就是指直播的标题中所提的问题要和直播的内容相符合。主播在撰写直播标题的时候，要保证标题和内容的相关性，不能做恶性标题党。恶性标题党为了吸引用户的注意力，一味地虚构标题。这样做既欺骗了用户的感情，也浪费了用户的时间。

如果直播标题的提问和直播内容完全没有联系，即使用户被标题吸引进入直播间，也会在观看直播内容时逐渐失去兴趣。这样不仅会降低用户的观看体验感，还会引起用户的反感，导致用户的流失。

2.1.4 语言型直播标题

语言型标题，即利用修辞表达方式提升标题的表达效果，以吸引更多用户进入直播间。下面就来详细讲解语言型标题在直播间的各种运用。

（1）进行比喻

在内容写作中，常用的比喻修辞手法类型有明喻、暗喻和借喻。它们的区别如图2-9所示。

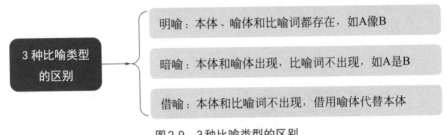

图2-9　3种比喻类型的区别

接下来和大家一起分析关于明喻和暗喻的直播标题案例。比如，"生活就像柠檬一样酸涩"是典型的明喻修辞手法，把生活比喻成柠檬；"你是信的开头，诗的内容"则是运用了暗喻的修辞手法，把人比作信的开头和诗的内容，充满了唯美的意境和丰富的想象力。

（2）事物拟人

拟人就是将事物人格化，把本来不具备人的特征的事物变成跟人一样具有动作、语言和情感。运用拟人的修辞手法可以使描写的事物更加生动形象，具有生命力。

某直播标题为"深夜的风会记得我对你的喜欢"，这里运用拟人的修辞手法，将"风"人格化了，使得直播标题更加新颖且有创意，更加吸引用户的眼球。

（3）运用对偶

对偶是用对称的字句加强语言效果的一种修辞方式。这样的句子前后联系十分紧密，在文学创作上经常用到。对偶的运用能使句子结构更富有层次感，韵味十足，更能吸引人的注意。

对偶式的标题节奏感很强，读起来朗朗上口，且易于记忆，所以这也使得直播标题更容易传播和推广，从而达到提升直播间人气和点击率的目的。

在直播标题上运用对偶时主播需要注意，每个短语或者句子的字数不能太多，因为直播标题的字数有限制，而且太长也会让用户读起来比较拗口，容易产生视觉疲劳，降低用户的体验感。所以，主播在撰写对偶式的直播标题时，要尽量精简凝练，这样才能给用户比较好的视觉感受。

某直播标题为"生活是黑白的，我却是彩色的"，读起来很有节奏感，而且句型优美，表达了主播的乐观精神。

（4）用谐音"梗"

谐音就是用同音或近音字来代替原本的字，以产生趣味，这种手法经常被应用于创意广告的文案中，用来吸引用户的眼球。

在直播标题中，使用谐音能让标题更加形象有趣，大大提高标题的吸引力和关注度，而且也能让用户明白主播想要表达的意思。

（5）利用幽默

幽默式的直播标题能让用户会心一笑，激发用户观看直播的兴趣。某游戏直播标题为"比我厉害的，你走吧"，用户看到这个标题时会觉得主播是个幽默风趣的人，并对主播产生浓厚的兴趣，进而点击观看直播。

（6）合理运用典故

在标题中运用典故能使直播标题更富有历史趣味，提升直播的档次和内涵，吸引更多的用户进来观看直播。比如，虎牙直播平台上关于三国题材的直播标题为"三顾茅庐"，这个典故可谓是家喻户晓，尤其是看过《三国演义》小说和对历史感兴趣的人，对此更是烂熟于心。主播采用这个典故作为直播视频的标题，意在告诉用户视频中的游戏内容情节是和"三顾茅庐"这段历史有关的，这样能吸引对此感兴趣的用户点击观看。

2.2 直播过程：以文案带动流量

在直播带货的过程中，主播要事先写好相应的文案内容，这样才能在营销产品时更好地促进转化，促使用户下单购买产品。所以，接下来笔者就来讲述直播间涉及的文案类型和写作技巧，以帮助主播更好地带动流量。

2.2.1 直播宣传文案的类型

直播的宣传文案类型分为预热宣传文案和产品宣传文案。预热宣传文案是指直播开始前的预热宣传，而产品宣传文案则是指直播间产品的相关介绍。下

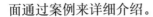

面通过案例来详细介绍。

（1）预热宣传文案

预热宣传文案主要可分为宣传海报和视频推广。2020年4月1日晚上8点，某手机品牌创始人在抖音平台直播带货，他除了联合抖音设计出了一组倒计时的海报文案以外，还在个人抖音号上发布视频进行推广。

（2）产品宣传文案

在直播带货的过程中，主播应该将产品重要的卖点信息罗列出来，主要内容包括：产品品牌、产品亮点和优惠价格。下面逐一进行分析。

首先应该介绍产品的品牌是什么。例如，抖音某主播在直播间推销一款中性笔时，直接向用户展示了该中性笔的品牌。

其次介绍产品的卖点。例如，抖音某主播在介绍这款中性笔的产品时，将其亮点总结为"3.92毫升，是普通芯的6倍"。

讲完产品品牌和亮点之后，接下来就要着重突出产品价格方面的优势了。例如，这款中性笔一盒10支的价格才9.99元，相比市面上的同类产品来说便宜了不少，相信这样优惠的价格肯定能让用户心动不已。

2.2.2 设置悬念引用户好奇

在直播预热宣传文案中，设置悬念可以引起用户的好奇心，引发他们思考，甚至还能引导他们进行互动，达到为直播宣传推广的目的。下面我们来看在直播文案中设置悬念的技巧，如图2-10所示。

图2-10 设置悬念的文案

从案例中我们可以看出，文案采用填空题的形式来设置悬念，用户看到该文案时就会思考中间空缺的内容是什么，从而迫不及待想观看直播。

2.2.3 数字冲击增强视觉效果

在产品的营销和销售中，主播经常会通过和同类产品的对比或其他事物的类比来突出自家产品的优势，让用户更加直观深入地了解产品的特点。这种比较的手段也被应用于直播带货的文案中。

除了对比的手法，主播还可以通过和其他事物的类比或联想，让用户更加具体形象地了解产品的优势。比如，某奶茶广告文案中，为了突出产品的销量之高，直接在文案中道出卖出去的杯子连起来可绕地球3圈。

2.2.4 描述场景促使用户购买

主播在进行产品营销时，要学会利用场景描述来激发用户的购买欲望。场景描述主要分为构建使用场景和产品卖点的场景联想。

构建产品使用场景的目的在于挖掘用户的痛点，给用户提供一个购买产品的理由。比如，在介绍电热锅产品时，主播可以给用户提供这样的使用场景——"没有燃气灶又想做饭的宿舍神器"。

产品卖点的场景联想主要是为了形象地表达产品的卖点和优势。例如，某主播在直播带货香水产品时，经常利用说辞来构建一个个具体的场景，像"恋爱中的少女，开心地去找男朋友，那种很甜的感觉""穿着白纱裙，在海边漫步的女生，非常干净的那种感觉""下过小雨的森林里的味道"等。

通过这些具体的场景描述，可以让用户自动产生联想，激发用户的购买欲望，从而提升直播间的产品销量。

2.3

直播文案：了解两大特质

对于主播直播而言，只有提供优质内容，才能吸引人气和流量。下面主要介绍直播文案的两大特质，以帮助主播创作出优质的直播内容。

2.3.1 情感特质

加入情感特质容易引起人们的情感共鸣，能够唤起人们心中相同的情感经历，并得到广泛认可。主播如果能利用这种特殊的情感属性，将会得到更多用户的追捧和认同。

首先，有的直播标题会加入情感，最常见的是电台直播标题。其次，在进行直播时，主播也能利用感情带动用户的情绪，可以介绍自己的经历，最好是正能量、积极向上的，这样的表达在选秀直播节目中最为常见。这种情感融入不光能让用户产生情感共鸣，还会增进彼此之间的联系和信任。

2.3.2 粉丝特质

"粉丝"这个词相信大家都不陌生，那么"粉丝经济"呢？作为互联网营销中的一个热门词，它向我们展示了粉丝支撑起来的强大IP营销力量。

网红或者明星进行直播带货时，他们只需要和店铺合作即可，并不要求他们拥有自己的货源，直播中更多的是用户出于对网红或明星的喜爱和信任而产生消费，即粉丝经济。

粉丝经济不仅可以带来影响力和推广力，最重要的还是将粉丝的力量转变为实实在在的利润，即粉丝变现。粉丝不仅能为企业传播和宣传品牌，还能为企业的利润赚取做出贡献。

有的平台（比如B站）在粉丝关注主播后，会显示相关推荐，这种形式被称为粉丝裂变，这种同类推荐的方式有助于主播增加粉丝数量，如图2-11所示。

此外，在针对粉丝的运营方面，B站直播为主播提供了亲密度管理的功能，增加的规则可以由主播设置。例如粉丝每

图2-11 相关推荐

日观看直播或发布一则评论之后，分别增加2分；粉丝关注主播或观看时长超过4分钟都增加5分；粉丝点赞或分享次数达到多少次可增加不同数值的积分等。

2.4
能说会道：吸引粉丝的利器

　　语言表达能力是主播与粉丝互动交流必备的能力。本节主要从肢体动作、幽默技巧、学会赞美和分寸尺度等6个方面来讲述增强主播表达能力的方法，以提升主播的沟通能力，吸引更多的粉丝。

2.4.1　配合肢体动作

　　主播在直播讲话时，需要配合一定的肢体动作，这样的表达效果会更加生动传神。主播在与用户沟通交流的过程中，要锻炼自己的肢体语言表达能力。在笔者看来，主播提升肢体语言表达能力至少有以下几个方面的好处，如图2-12所示。

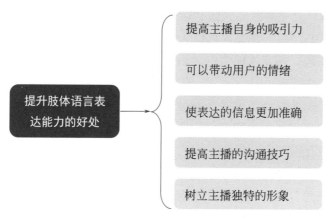

图2-12　提升肢体语言表达能力的好处

　　肢体语言能力的运用在演讲活动中最为普遍，有些演讲之所以能够鼓舞人心，让人心潮澎湃，很重要的一个原因就是演讲者在整个演讲的过程中运用了大量的肢体动作，使得演讲更加生动形象。

例如，"口红一哥"在直播带货时，经常用到各种肢体语言动作和丰富的表情，这样能引起用户高度的兴趣，使他们的注意力被主播吸引，如图2-13所示。

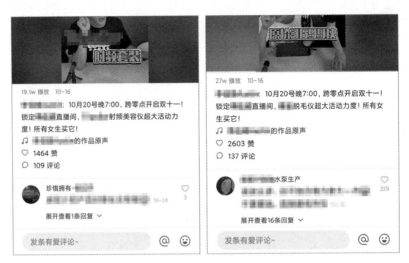

图2-13　直播中的肢体语言动作

2.4.2　掌握幽默技巧

在直播行业中，虽然高颜值是吸引用户的先天优势，但是要想在直播的道路上走得更远，光靠颜值是远远不够的。颜值并不是决定主播发展的唯一因素，如果主播没有高颜值，那么可以成为一个幽默的人。一个人拥有幽默口才会让他人觉得很风趣，还能体现他的内涵和修养。所以，一个专业主播的养成也必然少不了幽默技巧。

善于利用幽默技巧是主播培养表达能力的必修课。生活离不开幽默，主播在平时要注意收集各种幽默素材，多看喜剧，全力培养自己的幽默感，学会把故事讲得生动有趣，让用户开怀大笑。

当主播和粉丝相处了一段时间之后，对自己的粉丝也开始熟悉了，了解了粉丝的喜好厌恶，就可以适当吐槽他们讨厌的事物以达到幽默的效果。比如某粉丝讨厌吃公司食堂的饭菜，那么主播就可以这样说："那天我买了个包子，咬了两口，崩了3颗牙。"主播应该抓住事物的主要矛盾，只有这样才能摩擦出不一样的火花。

段子原本是相声表演中的一个术语。随着时代的变化，它的含义不断拓展，也多了一些"红段子""冷段子""黑段子"等具有独特内涵的延伸词，近几年这些段子频繁活跃在互联网的各大社交平台上。

同时，幽默段子作为最受人们欢迎的幽默方式之一，也得到了广泛的传播和发扬。微博、综艺节目以及朋友圈里将幽默段子运用得出神入化的人比比皆是，这样的幽默方式也赢得了众多粉丝的追捧。

例如，B站某主播以手机行业各企业的新品发布会为素材，将时长两个多小时的发布会视频通过剪辑浓缩成3分钟左右，并用自己幽默风趣的语言对发布会的核心内容进行解说。在解说的过程中，该主播运用大量的段子和网络用语，对发布会的产品、主持发布会的总裁或产品经理进行大胆的"吐槽"。

讽刺是幽默的一种形式，相声就是一种讽刺与幽默相结合的艺术。讽刺和幽默是分不开的，要想学会幽默技巧，就得先会巧妙地讽刺。最好的讽刺方法就是自黑。这样的话既能逗粉丝开心，又不会伤了和气。因为粉丝不是亲密的朋友，如果讽刺或吐槽不得当，很容易引起他们的反感和愤怒。比如，很多演说家为了达到演讲的效果，经常会自黑，逗观众开心。

值得注意的是，虽然主播自黑确实能吸引一定的流量或人气，但是作为一名公众人物，还是需要注意自己的行为举止和自黑尺度。

2.4.3 学会赞美粉丝

主播在与粉丝进行互动交流时，一定要学会赞美粉丝的优点或长处，懂得诚心赞美和欣赏他人，这是尊重别人的一种表现。

当粉丝受到主播的赞美和表扬之后，会有一种荣誉感和自豪感，从而更加喜爱和信任主播，使彼此之间的感情更为紧密。对于主播来说，这样做不仅能增强粉丝的黏性和忠诚度，还能给粉丝留下良好的印象，赢得粉丝的尊重和拥护。通过分析，我们发现这种方式能让双方都很愉快，可谓双赢。

在电商直播带货中，主播可以通过赞美粉丝来达到销售产品的目的。例如，当粉丝担心自己的体重身材不适合某件衬衫时，主播就可以向粉丝说，这件衬衫大家都可以穿，虽然这件衬衫的颜色你可能有点不适合，但是这种类型的衬衫非常适合你，你可以尝试一下。

2.4.4 多为粉丝着想

用户表达个人建议时，主播需要站在粉丝的角度，进行换位思考，这样更容易了解回馈信息。主播可以通过学习以及察言观色来提升自己。此外，察言观色的前提是主播的心思足够细腻，你可以细致地观察直播互动时粉丝的态度，并且思考总结，用心去感受粉丝的想法。主播为粉丝着想可以体现在以下3个方面，如图2-14所示。

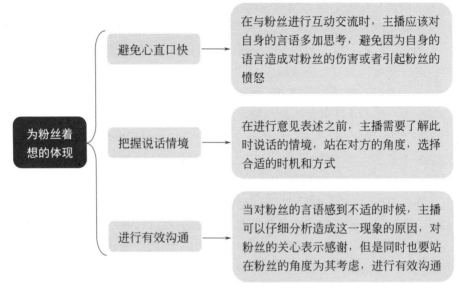

图2-14　为粉丝着想的体现

为粉丝着想是一种尊重粉丝的表现，主播只有站在粉丝的角度去思考问题，才能真正地了解粉丝的需求和痛点，也才能更好地为粉丝服务。

2.4.5　保持谦虚礼貌

主播在面对粉丝的夸奖或批评时，都需要保持谦虚礼貌的态度，即使是热门主播也需要保持谦虚。谦虚低调会让主播获得更多粉丝的喜爱，能让主播的直播生涯更加顺畅，并且获得更多的路人缘。

例如斗鱼直播平台上的某游戏主播，因其独特幽默的解说风格被粉丝亲切地称为"马老师"，尽管他在圈内的地位非常高，影响力非常大，直播事业也非常成功，但是为人十分低调。

2.4.6　把握分寸尺度

在直播聊天的过程中，主播要注意把握尺度，懂得适可而止。例如在开玩笑时，注意不要过分，许多主播因为玩笑过度而遭到封杀。主播要懂得适度，这一点是非常重要的。

还有一些主播为了吸引流量，蹭一些不能蹭的热度。例如在一些灾难或人祸面前，某些主播为引起用户的热议，增加自身的热度，喜欢发表一些不当的言论。结果，这类主播反而遭到群众的指责，最后遭到封杀和禁播。

如果在直播中，主播不小心说错话，造成了不好的影响，应该及时向公众道歉。例如，"口红一哥"在与某明星进行直播时开了不合适的玩笑，最后他在微博上向粉丝和某明星道歉，挽回了自己的形象。

2.5
主播谈吐：牢记两条技巧

主播不论是与粉丝互动，还是直播解说，或是直播带货，都需要讲究讲话的技巧。如果主播谈吐得当，能为自己带来大量的粉丝；如果言辞欠佳，则可能招致恶评，影响自己的事业。接下来从话题切入和语言风格两方面来讲解主播如何培养讲话技巧。

2.5.1 选择适合的话题切入

对于新人主播来说，在直播中最大的问题就是不知道找什么话题和粉丝互动，也不知道用什么话题才能切入直播的内容，于是导致直播间冷场的尴尬局面。造成这种现象的根本原因是主播在直播前没有做好充分的准备，再加上没什么经验，心里有点紧张。

那么，主播在直播的过程中该如何选择合适的话题来切入呢？笔者根据自身的经验总结了以下方法。

① 从粉丝的兴趣爱好中寻找话题。

② 根据自身才艺特长来展开话题。

③ 从当下的时事热点来引入话题。

④ 在平时的生活动态中切入话题。

⑤ 根据粉丝的提问求助展开话题。

例如，某主播会在直播中根据粉丝提问展开话题，这样做不仅能解决粉丝的需求和问题，增进和粉丝之间的互动，还能为直播的内容提供话题和素材，如图2-15所示。

图2-15　回答粉丝问题的直播

2.5.2　培养个性化语言风格

关于主播个性化语言风格的培养，没有固定的模板和方法可以套用。因为每个人说话的方式和语言风格都是不一样的，这取决于主播个人的性格特点以及行为习惯。

B站某主播的直播内容以及投稿视频的语言风格幽默有趣，非常具有特色，特别是那句"是一个每天都在镜子前给自己磕头的硬核男人"的自我介绍早已深入人心。此外，该主播还不忘给自己起一些极具个性的口号和称呼，比如"恰饭天王""甲方克星""预算黑洞"等。

第3章
直播平台引流，
与粉丝互动留住游客

每个直播平台都有自己的发展策略和侧重点，涉及的领域也逐渐多元化。面对众多的直播平台，主播选择合适的直播平台成了直播引流的第一步。

本章不仅分别介绍了多个直播平台，还进一步分享了直播预告技巧和直播互动引流功能。

3.1

了解平台：为引流做好准备

各个直播平台都有各自不同的内容和特色，并不断深入发展，由单一模式向众多领域拓展延伸，主播选择合适的或相匹配的直播平台是重中之重，是吸粉引流的基础。本节将为大家介绍斗鱼、虎牙、映客、腾讯以及花椒等几个典型的直播平台，了解它们各自的特色和所蕴含的引流潜力。

3.1.1 斗鱼直播打破旧传统

斗鱼直播是一家以视频直播和赛事直播为主的弹幕式直播分享平台，其直播内容包括游戏、体育、综艺和娱乐等。斗鱼直播由"ACFUN生放送"转化而来，随着直播平台的不断发展，它也慢慢发展成为一个泛娱乐直播平台。

作为直播行业第一个吃螃蟹的平台，斗鱼直播很早就推出了"直播+"的发展战略。其主要目的是打造"泛娱乐"模式，吸引更多热点内容，将娱乐精神发挥到极致，以此吸引更多用户涌入直播平台，增加收益，更深层次打响"斗鱼"的品牌。

斗鱼直播引进的直播模式以"直播+文化"最有看点。为了让用户学在其中，乐在其中，斗鱼全力打造有别于传统网课的教育形式，专门开设了文化直播版块，如图3-1所示。

图3-1　斗鱼直播的文化直播版块

斗鱼开设的文化直播版块内容十分丰富，涵盖了脱口秀、搞笑短视频以及名家课堂等多个方面。不得不说，直播为文化发展带来了全新的机会。海量的年轻用户、特色的弹幕功能以及高效低成本的网络直播等都给"直播+文化"模式不断向前发展提供了强有力的支撑。

3.1.2 虎牙直播开启新大门

虎牙直播是国内优秀的以游戏直播为主的互动直播平台，由YY直播更名而来。在更名之后，虎牙直播转向网页端发展。

虽然虎牙直播以游戏直播为主，但也包括了多元化的热门直播内容，如音乐、综艺、教育、户外、体育、真人秀以及美食等。虎牙的游戏直播资历很深，在游戏方面有很多独家资源。

自2012年虎牙直播成立以来，虎牙直播一直以游戏直播为发展战略的重中之重。随着近年来游戏行业的日渐火爆，虎牙直播不惜花重金买进国内外赛事的直播版权，又召集了众多世界冠军级战队和主播，还专门打造了虎牙旗下的独家IP赛事。图3-2所示为虎牙直播的英雄联盟直播界面。

图3-2 虎牙直播的英雄联盟直播界面

虎牙直播的"直播+游戏"模式的背后离不开欢聚时代的鼎力支持。后来，欢聚时代正式宣布成立欢聚时代互动娱乐事业部，其循环再生的闭环经营模式如下。

① 直播事业：虎牙直播。

② 游戏运营：YY游戏。

③ 游戏资讯：多玩游戏网。

从当前资料来看，虎牙直播汇聚了火爆的游戏资源、世界冠军级战队以及知名网络主播，具体如下所示。

① 游戏资源：如《英雄联盟》《王者荣耀》《球球大作战》《守望先锋》《炉石传说》等。

② 世界冠军级战队：英雄联盟世界冠军EDG战队与世界亚军ROX Tigers战队。

③ 知名网络主播："国民电竞女神""超人气号召力主播""安德罗妮夫妇""法师万花筒""爆头帝"等。

3.1.3　映客直播的强针对性

映客直播是一款覆盖了iPhone、Android、Apple Watch和iPad等多个移动端的直播类社交平台。映客可使用微博或微信账户登录，操作方法十分便捷。此外，映客直播优势众多，功能强大，其中的精彩回放、高清画质、互动交流以及私信聊天等功能，深受网友喜爱。

（1）打造温暖、人性化的社交平台

映客直播有着庞大的用户量，为了将映客打造得更具特色，它开始着力于不分年龄和性别，进行全面发展。随着互联网的高速发展，很多父母辈，甚至爷爷奶奶辈的人也开始接触各种各样热门的应用软件。

于是，映客直播为所有人提供了一个分享自己生活和爱好的平台。无论什么年龄的用户都可以在映客直播上展示自己。比如，喜欢跳舞的可以直播跳舞，喜欢唱歌的可以直播唱歌，喜欢绘画的可以表演画画，喜欢书法的可以直播临帖或写字，如图3-3所示。

图3-3　映客直播上跳舞和唱歌的主播

（2）专门为用户设计推广方案

映客直播在直播行业是一个"孤胆英雄"，它与其他直播平台最大的差别就是映客直播最大限度地关注用户的需求。映客直播会根据用户的年龄等因素专门设计直播版块，不单单是针对喜欢社交的年轻人，还有父母一辈和专业人士等。

（3）餐饮企业在映客直播上开会

随着直播行业的不断深入发展，"直播＋餐饮"的模式被映客直播付诸实践。作为用户量巨大的直播平台，映客不仅采用了"直播＋明星""直播＋手游"等模式，还采用了"直播＋餐饮"的全新模式。

一方面，对于映客直播来说，采用"直播＋餐饮"模式可以拓宽其直播领域，深入生活；另一方面，对于餐饮业来说，餐饮宣传又多了一种玩法，会降低宣传成本，获得更丰厚的收益。餐饮创始人做直播，因为比较熟悉自己企业的优势、特色和风格，所以更易让用户心服口服，还能令用户感受到企业的真诚。

例如，某餐饮企业董事长就经常在映客直播平台上直播。有一次，他还直播了企业的一次常规总结会，让用户感受到企业文化的重要性，同时也极大地满足了用户的好奇心，如图3-4所示。

图3-4　某餐饮企业董事长的映客直播

该餐饮企业董事长在映客的直播吸引了不少用户前来观看，他还带领自己的员工和顾客一起玩直播。比如，直播大厨如何制作美食，让用户清晰地看到美食的制作过程，从而让用户直接了解后厨的卫生状况、食材新鲜程度以及大厨的手艺等，让餐饮店更加公开透明。

除此之外，该董事长还邀请到店顾客做直播，对菜品进行点评，给观看直播的用户带去真实的顾客评价。正因为该董事长的特色直播，其微博粉丝量也不断上涨。餐饮业要如何吸引更多用户，获取更多流量，是餐饮企业做直播时值得认真思考的问题。

3.1.4　腾讯直播的强专业性

腾讯直播是腾讯视频旗下的产品，直播内容十分丰富。其中以体育和游戏最为著名，因此腾讯直播拆分成了两个部分，分别是腾讯体育和企鹅电竞。

（1）腾讯体育

腾讯直播的"直播+体育"模式建立已久，这个模式相对于其他直播平台来说，门槛更高。若想依靠直播的形式打通体育细分产业链条，就要舍得花大本钱。

另外，直播对主播的要求更严格。比如，以前看电视直播时，解说员说错了，用户也没法及时互动指出解说员的错误。而现在的直播都有弹幕可以进行实时交流，用户完全可以立马指出主播的错误讲解。如果一个主播的功力不够深厚，那么就容易下不来台，有损节目效果。

为此，腾讯在直播形式的打造上下了不少功夫：一个是利用高颜值主播的独特魅力，吸引更多的用户流量和热点；一个是邀请退役运动员，利用他们展示权威的专业性，让用户心服口服。

体育直播的主播不仅要有相关的专业知识，语言还要通俗易懂。值得一提的是，腾讯的"直播+体育"模式给各大想要进军体育直播行业的直播平台做出了很好的示范。

（2）企鹅电竞

企鹅电竞是腾讯推出的电竞平台，它相当于一个资源连接器，将腾讯娱乐生态全部整合打通了，它囊括的资源包括但不限于腾讯网、QQ手游和腾讯互娱团队资源。在企鹅电竞平台内，汇聚了诸多知名游戏主播和电竞赛事，深受广大游戏"发烧友"的喜爱。

企鹅电竞做的是深度垂直领域，在该平台内，大部分直播内容都和电竞有关系，比如赛事直播、单机游戏直播、网络游戏直播，其中有《绝地求生》等热门游戏的直播，如图3-5所示。

图3-5　企鹅电竞内的直播大多和电竞相关

当然，企鹅电竞还涉足其他领域的直播，在直播分类里企鹅电竞单独划分出了"休闲娱乐"版块，主要包括娱乐、梦工厂、户外猎奇、陪你看以及心悦专区等类目。

3.1.5 花椒直播的VR旅行

花椒直播曾入选"2019年中国互联网企业100强"榜单，实力不容小觑，其最大特色就是具有其他直播软件无法比拟的明星属性。此外，花椒还专门打造多档自制直播节目，包括文化、娱乐、体育、旅游和音乐等多个方面。本节将着重向大家介绍花椒直播的"直播+旅游"模式。

（1）"直播+旅游"模式

随着直播行业的不断深入发展，"直播+旅游"模式开始受到欢迎。以前，主要通过风景图以及旅游宣传片来吸引用户，但其实这难以达到宣传效果。比如有些网友会怀疑图片的真实性，担心现实与图片不符。而利用直播做旅游宣传，可以让用户对产品有更清晰、真实且全面的感受和认识，促使用户出门游玩。图3-6即为"直播+旅游"模式的3大要素。

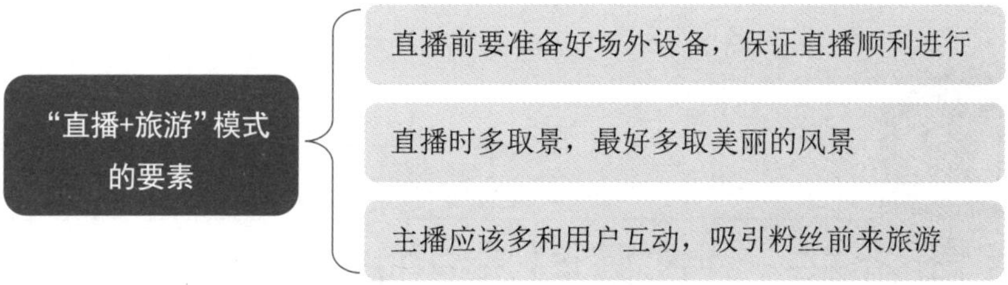

"直播+旅游"模式的要素
- 直播前要准备好场外设备，保证直播顺利进行
- 直播时多取景，最好多取美丽的风景
- 主播应该多和用户互动，吸引粉丝前来旅游

图3-6 "直播+旅游"的要素

"直播+旅游"模式的重点在于场外直播，没人会喜欢看室内的旅游直播。只有走出去，将自然风景呈现在用户面前，并结合专业性的解说，才能让用户明白产品的优势。那么，场外直播的重要之处体现在哪几个方面呢？笔者将其总结为3点，如图3-7所示。

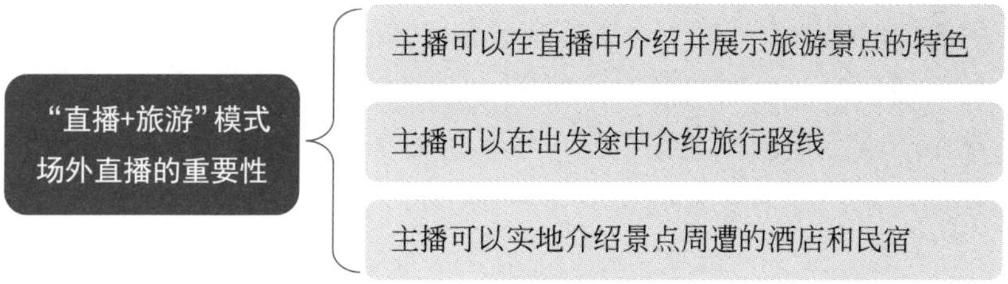

"直播+旅游"模式场外直播的重要性
- 主播可以在直播中介绍并展示旅游景点的特色
- 主播可以在出发途中介绍旅行路线
- 主播可以实地介绍景点周遭的酒店和民宿

图3-7 场外直播的重要性

对于场外直播而言，技术是必不可少的一环。例如，"VR直播+旅游"带给用户的是前所未有的体验和感受，用户能身临其境，仿佛已经"穿越"到目的

地，尽情欣赏当地美景。

此外，主播在直播中结合旅游线路和景区，还能起到意想不到的推广作用。当然，只有将优质内容与超强技术相结合，才能使"直播+旅游"模式得到长期有效的发展，游客才会对旅游更加向往。

（2）旅游新生态

在在线旅游行业，花椒直播曾与某旅游品牌进行合作，共同打造"直播+旅游"的全新模式。

花椒直播和某旅游品牌达成的跨界合作，对于花椒直播来说，获得了很多优质、多元化的内容；对于某旅游品牌来说，这次合作获得了更高的曝光度；而对于两者携手打造的"直播+旅游"的新生态模式来说，则带给了广大用户突破时间和空间限制的新鲜感，还使得直播行业的发展脚步又向前跨越了一大步。

3.2 直播预告：掌握引流的技巧

带货直播已经成了主播们推广商品的一种重要方式，直播购物也已经成了一种新的消费趋势，越来越多的消费者热衷于这种消费方式。

而不管是对直播卖家来说，还是对于主播来说，想要让直播达到比较好的效果，每一次直播都需要做一定的准备工作。这些准备工作，有些是很容易被主播忽视的，但在一定程度上会影响观看直播间的粉丝数量。

比如直播预告，虽然只是对主播下一次的直播内容进行提前预告，但是它却能影响下一次直播间的流量情况，很多主播会认为直播预告很简单，但它却有着一定的要求。下面笔者结合具体案例，为大家介绍做直播预告需要了解的知识。

3.2.1 直播中常见问题

主播在发布直播预告，进行购物袋宝贝准备时，必须上传3个宝贝，否则不能发布（以淘宝直播为例）。此外，宝贝数量越多，越能匹配到更多不同的用户，吸引他们关注。不同的直播平台添加宝贝的方法不尽相同，但操作逻辑差不多，下面介绍添加宝贝时的一些常见问题。

（1）问：在淘宝直播中如何上架商品

答：想在淘宝直播里上架商品，需符合以下3个条件，如图3-8所示。

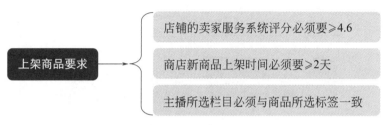

图3-8　上架商品要求

（2）问：直播间商品的展示顺序是什么

答：分两种情况。如果在开播后上架商品，商品会按照顺序展示；如果在发布直播预告时就添加了商品，商品是乱序展示的。

（3）问：如果在直播中不小心添加了错误的商品，该如何解决

答：直播中添加的商品无法撤回，如果主播添加错误，重新发布直播即可。

3.2.2　避开竞争大的时间段

不管是在什么直播平台，主播都会面临的一个情况就是，每天开直播的主播很多，同时间段开播的直播间也多，大家聚集在同一时间段开播，无疑增加了抢夺流量的压力。

尤其是一些流量注入较大的时间段，比如晚上7点这个时间段是下班时间，很多用户会观看直播视频。正因如此，无数的主播也在这个时间段开播，希望获得多一点的流量注入。而在这种扎堆的直播时间段开播，中等以下的主播便很难抢到稳定的流量。

所以，为了避免这种情况的出现，主播们可以主动避开这些高人流聚集的时间段，从而减轻和其他主播竞争的压力。图3-9为B站直播上的两个主播，一个直播时间为上午9点～下午4点，另一个开播时间是上午10点，都避开了直播高峰。

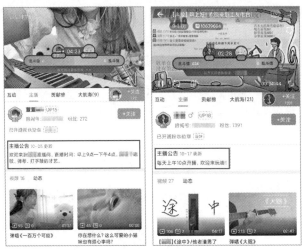

图3-9　B站直播上的两个主播的直播时间

3.2.3　提高封面图的曝光量

直播间封面图是一场直播的重要外部展示因素，相当于门面，所以对于直播预告的封面需要格外上心，按照官方的要求进行发布。

（1）预告要求

① 封面图的尺寸：以淘宝直播为例，主播在中控台发布预告时，有两个尺寸的封面图要发布，分别为750px × 750px和1120px × 630px，后者用于做首页封面图。图3-10所示为两种封面尺寸的展现效果。

图3-10　两种封面尺寸的展现效果

② 封面图的要求：封面图可以无文字，但要突出主体，如图3-11所示。

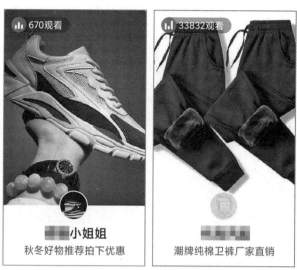

图3-11　突出主体的封面图

③ 预告视频要求：以淘宝直播预告视频为例，直播预告视频全程不要出现文字，只有纯人物且浅色、素色背景的才可以入选首页展现。

（2）入选福利

入选后，正在直播的首位主播，平台将个性化推送这个直播间。

（3）预告视频要求

每一期的淘宝直播节目预告（注意是每一期的具体节目预告，不是整个栏目的宣传片），基础参数要求如下。

① 时间：20秒以内。

② 容量：2M以内。

③ 屏幕尺寸：16：9满屏，不可以在这个尺寸内加边框等。

④ 预告内容：不可以出现任何文字。

3.2.4　使用吸睛的流行热词

关于直播预告的标题也大有讲究，主播想要吸引粉丝的注意力，可以采用好的标题，第一眼就能吸引他们的目光。

（1）预告标题要求和要点

① 要清晰描述出主题和直播内容，能让用户提前了解直播内容，同时便于

平台工作人员挑选出好的直播内容进行主题包装和推广。

② 要包含具体的内容亮点，在直播预告中上传直播中要分享的商品，能让用户产生兴趣，还能通过大数据分析，帮直播间进行用户匹配，获得更精准的用户流量。图3-12为突出直播亮点的预告标题。

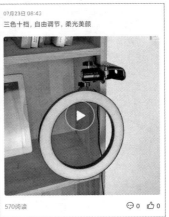

图3-12 突出直播亮点的预告标题

（2）预告标题规则与技巧

预告标题的拟定要与粉丝工作生活中的常见场景相契合，这样才能让粉丝产生画面感，引起粉丝的共鸣，让粉丝觉得主播说的内容和自己有关，甚至感觉讲的就是自己，从而产生按时观看直播的欲望。图3-13中的标题点明小个子女生穿搭和微胖女生的穿搭，从而吸引这两类女生来观看。

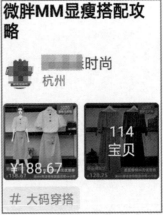

图3-13 标题点明用户群体的案例

文字内容要简洁，同时直击要点，把最吸引人的点展现出来。一般主播都是把粉丝最关心的"痛点"放在标题中。

设置预告标题时，还需要有承诺性和新闻感，能引发粉丝好奇心，这样才能更好地吸引目标用户，主动等待直播。图3-14为某主播的直播预告，标题中突出了活动主题，以吸引目标用户。

图3-14　预告标题突出活动主题

3.2.5　获得更多的流量分配

不同的直播标签下，关注的人群类型是不一样的，主播选择合适的直播标签，可以增大自身直播的推广力度，让更多的人有机会看到自己的直播。通过设置直播标签，可以扩大直播间的被搜索范围。

以服装的直播标签作为分析对象，具体分析如下。

① 穿搭：每日上新、当季新款、大码穿搭、小个穿搭、港风潮牌。

② 母婴：奶娃有招、孕妈专区、童鞋童装。

③ 买全球：日本站、韩国站、东南亚站。

主播在挑选标签时，首先选择好直播的栏目，在栏目里根据自己的实际情况，再选择标签，或者根据自己直播所面向的群体类型，选择直播标签，这样有利于吸引目标群体关注和点击。图3-15所示为淘宝直播频道栏目下的各类标签。

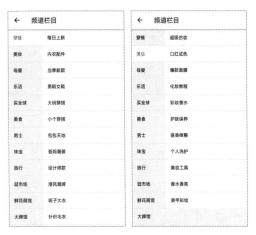

图 3-15　直播标签类型

3.2.6　自定义吸睛直播地点

　　主播在进行直播预告时，可以自定义直播地点，输入一些非常新奇、吸引人目光的直播地点，比如"在火星"这类比较特别的位置，或者添加一些知名景点的位置，吸引用户进入直播间。下面以淘宝直播为例，介绍一下位置设定的操作方法。

步骤01　打开淘宝主播App，进入账号后台，❶点击界面左上方显示的"手机直播"按钮，进入"创建直播"界面；❷点击屏幕下方的"直播地点"选项，如图3-16所示。

图 3-16　创建直播

步骤02 进入"添加位置"界面，❶点击"搜索附近位置"输入框；❷在输入框里可以输入想定义的地点，如图3-17所示。

图3-17　添加位置

3.3

直播互动：主播粉丝一起玩

随着直播行业不断向纵深发展，直播玩法也开始变得五花八门，各种引流手段也层出不穷。下面介绍主播通过与粉丝互动进行引流的玩法。

3.3.1　多人视频连麦引流

多人视频连麦有两种玩法。一种是主播与粉丝进行视频连麦，通过这种方式主播可以与粉丝进行密切交流，获得粉丝的好感，增强粉丝的黏性；另一种是主播与主播之间进行视频连麦，通过这种方式主播与主播之间可以互相引流，尤其是垂直定位互补的两个主播，引流效果更加明显。图3-18为某主播与部分粉丝进行视频连麦的截图，该主播通过这种手段提高了粉丝黏性。

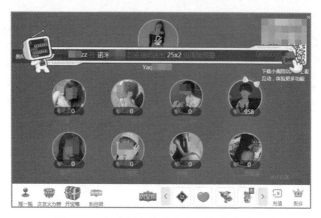

图3-18　某主播与部分粉丝进行视频连麦

3.3.2　直播间连麦PK引流

连麦PK是主播间互相引流的做法，如果连麦PK的主播们能够充分调动用户积极性，那么将进一步提升直播间人气，如图3-19所示。

图3-19　连麦PK引流

3.3.3　同场互动竞技引流

比如虎牙直播就有竞技场玩法，可供2～5位主播进行同场互动竞技，比赛规则十分简单，就是在一段时间内哪位主播收到的礼物分值更高，哪位主播就能胜出，如图3-20所示。

图3-20　同场互动竞技

3.3.4　弹幕投票功能引流

在某些直播平台上（比如虎牙直播），主播可以在直播中发起弹幕投票，用户发弹幕"1""2""3"等数字，即可参与投票。图3-21即为某主播发起的弹幕投票，投票结束后操作面板中显示为绿色的票数，即为得票数最多的一方。

图3-21　弹幕投票功能

在笔者看来，主播利用弹幕投票功能引流至少有以下两个好处。

① 投票是相对民主的方式，主播可通过这种方式快速了解大多数用户的需求，方便自己后期进行定位调整或策略更改。

② 弹幕投票不仅能加强主播与粉丝之间的黏性，还能吸引其他用户成为该主播的粉丝。

3.3.5　平台任务活动引流

在某些直播平台（比如虎牙直播等），直播系统还有平台任务功能，主播获得并完成相应的任务后，可以给自己的粉丝发送礼品，如图3-22所示。我们可以预知的是，有些用户为了获得礼品，会主动成为主播的粉丝，主播也因此获得了更多的流量。

图 3-22　平台任务活动

第4章
电商直播引流，
展现惊人的带货能力

直播与电商的结合是现在直播行业一个重要组成部分，本章将为大家介绍电商直播的主要类型，包括母婴类、美妆类和服装类，并就主要的电商直播平台（如淘宝、蘑菇街和拼多多）分析电商直播行业，给想要进入电商直播行业的主播们提供参考依据。

电商直播：不同类型各具优势

本节将分别介绍电商直播的三大类型：母婴类、美妆类和服装类，帮助新主播更好地熟悉电商直播。

4.1.1 母婴类电商直播

母婴类产品的用户大多为年轻的宝妈，母婴产品主要有奶粉、纸尿裤、玩具和童装等，此外还有适合宝妈的产品。传统的门店销售多为一对一服务模式，并且用户需要亲自筛选产品，而直播平台的产品相对单一，用户挑选产品的难度低。

母婴类电商直播与传统的门店相比，服务受众更广，可以一对多服务。如果年轻的宝妈因为带孩子的经验不足，会产生许多疑问，或者对宝宝的一些症状感觉焦虑，那么在直播中，她们可以通过咨询主播来解决疑惑，也可以通过弹幕形式跟其他宝妈交流，互相分享育儿经验。图4-1即为淘宝母婴类电商直播。

图4-1　母婴类电商直播

有调查显示，84%的宝妈在购买宝宝所使用的产品前，都会对产品的安全性和实用性进行调查，并且经过反复思考才会购买。在母婴类直播间，育儿专家和富有经验的主播，可以为宝妈们介绍最适合宝宝的产品，这种全方位的讲解和展示正好解决了宝妈们选择产品的焦虑，也能为宝妈们的购买提供参考。

总的来说，电商直播相较于传统门店具有诸多优势，下面进行具体分析，如图4-2所示。

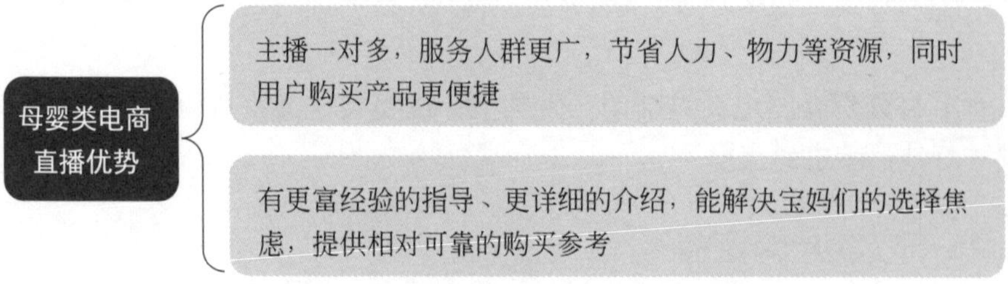

> 母婴类电商
> 直播优势
>
> 主播一对多，服务人群更广，节省人力、物力等资源，同时用户购买产品更便捷
>
> 有更富经验的指导、更详细的介绍，能解决宝妈们的选择焦虑，提供相对可靠的购买参考

图4-2　母婴类电商直播优势

4.1.2　美妆类电商直播

美妆类电商直播针对的是高消费的女性群体，相较于其他种类的电商直播，这类群体让美妆直播获利较大。在美妆直播中，你可以看到博主为用户试用各类产品，如口红试色、眼影试色以及粉底试色等。图4-3即为主播在直播中进行口红试色。

随着直播越来越受欢迎，许多明星也进入美妆直播带货行业。笔者预测，还会有更多的明星选择加入该行业。当然，每个明星的直播方式都不同，有的明星就自己用过的产品进行分享，例如提供护肤"秘籍"与分享好物等方式进行直播。

某些知名店铺或主播，有时会邀请明星一起带货。图4-4为某店铺直播时邀请《康熙来了》节目中的明星进行带货。

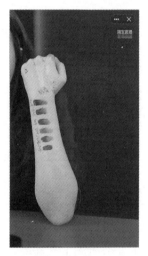

图4-3　主播在直播中进行口红试色

图4-4　某明星直播带货现场

4.1.3　服装类电商直播

观看服装直播的用户多为时尚年轻的女性，主播在此类直播中不仅会推荐服装，还会进行搭配展示，在分享穿搭技巧的同时，还能促进用户购买。服装类电商直播通过直播传递当下热门的时尚理念，推动了服装行业的发展。

总而言之，服装的种类众多，对于许多消费者来说，如何搭配一直是个困扰，这类困扰在服装电商直播中能找到答案，因为主播会亲自搭配示范，如图4-5所示。

图4-5　主播在直播中亲自搭配示范

　　有时候主播在示范服装搭配时，还会分享与之匹配的发型，这为用户提供了发型的参考，让用户在穿搭时更具魅力。

淘宝直播：不可错过的流量池

　　淘宝直播是电商直播界的一个大平台，本节主要分析淘宝直播的运营技巧、淘宝直播的流量入口以及淘宝直播引流攻略。

4.2.1　淘宝直播的运营技巧

　　主播申请到淘宝直播权限后，该如何运营直播呢？本小节将对此进行总结，并推荐给大家一些运营技巧。

　　（1）直播通知

　　在直播前，主播要做好直播推送工作，让粉丝知道你的直播时间。如果主播没有通知，很多粉丝可能会错过直播。在正式开播之前，主播可以运用以下几种方式发送开播通知，如服务通知、小黑板和群消息等。图4-6为服务通知推送的主播开播通知。

图4-6 主播开播通知

主播发送开播通知时要尽可能将通知传播开来，比如可以利用上新预告来通知，也可以将直播信息推送到广场。

（2）直播主题

在主题的选择上，主播要重点突出产品卖点、明星同款、当下流行或其他元素等，例如特卖、清仓、网红同款或高级感等。此外，直播的主题也可以根据产品风格来选取词语。

（3）竖屏直播

如果是单人直播，建议主播使用竖屏直播，方便用户观看。同时，主播在展示产品时，竖屏也能更好地突出产品特点。例如，主播进行服装直播时，竖屏直播能将主播完整的穿搭展示出来。

（4）粉丝分层

主播可在直播设置中通过"粉丝分层"功能选择合适的活跃度规则。通过这种方法，主播不但可以提高粉丝的活跃度，还能获取更精准的粉丝。

（5）观看奖励

当粉丝观看时长超过多少分钟时，主播可以设置一个奖励，例如小额红包、优惠券以及赠品等福利，以激励和吸引用户继续观看。

当直播间的气氛达到一定程度时，主播可在直播间进行抽奖，在公布中奖名单的同时，需要注意安抚未中奖用户，并通知下一次抽奖时间。抽奖活动可以每15分钟进行一轮，也可以按照其他时间有规律地进行。

（6）直播产品

直播时主播一定要有产品安排，在产品介绍中列举一两个卖点作为重点进行营销。对于某些产品，主播可以巧妙利用群体效应，通过宣传高销售量或者榜单排名进行产品推荐。

（7）直播内容

主播在进行产品推广时，可以利用故事介绍产品；将产品与其他同类产品进行对比，可以更好地突出该产品的优势，比如从质量和价格等方面进行对比；也可以采取饥饿营销，调动用户的积极性。

此外，主播直播时的精神一定要饱满，行为上可以表现得尽可能激动，用高昂的热情打动用户。主播这种亢奋或激昂的情绪，能够影响用户对产品的看法，进而促使他们消费。

在向用户讲解产品时，主播需要耐心讲解产品的功能，并且亲自进行相关操作示范，例如产品如何使用、优惠券如何领取等，主播都可以在直播间亲自操作，以减轻用户的操作难度。

4.2.2 解读淘宝直播的流量入口

流量对于主播来说非常重要，在直播中，主播不仅要保障稳定的商品货源，还需要竭尽全力获取更多的流量。淘宝平台本身就是一个自带巨大流量的平台，它就像一个占据绝佳地理位置的店铺，拥有非常庞大的流量。在笔者看来，淘宝直播的流量入口主要有以下两个，如图4-7所示。

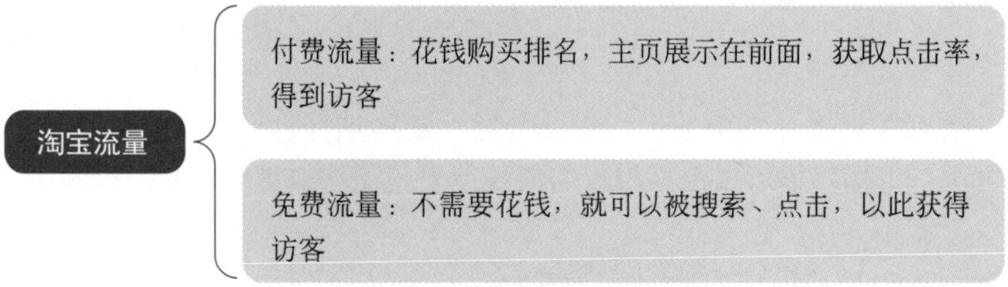

淘宝流量
- 付费流量：花钱购买排名，主页展示在前面，获取点击率，得到访客
- 免费流量：不需要花钱，就可以被搜索、点击，以此获得访客

图4-7 淘宝直播流量入口分析

付费流量的入口包括：直通车、钻展以及淘宝客。主播购买付费流量相当于进行前期投资，可以扩大品牌知名度。

免费流量的入口较多，手淘搜索和手淘首页是大部分人都知道的入口。主播只需要根据这两个版块的规则进行操作就有机会获得流量。其他的免费流量入口还包括聚划算、有好货、天天特卖、每日好店、拍立淘和微淘等。图4-8所示为淘宝平台里的一些免费流量入口。

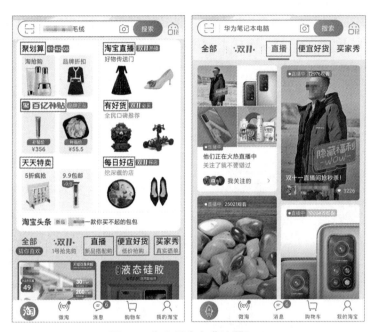

图4-8　淘宝平台免费流量入口

在笔者看来，只要可以提高后续的产品销量，得到更大的经济收益，主播的前期投资就是必要的。但是主播要切记：不能一味地追求点击率和访客数，而要注重转化率，不然前期的投入无法带来收益，那就只是白白地烧钱。

4.2.3　淘宝直播的引流攻略

淘宝界面会专门设置一些广告投放的资源位置，例如首页下方的猜你喜欢、微淘、聚划算和哇哦直播等。

（1）猜你喜欢

"猜你喜欢"版块是根据用户收藏清单、已购买列表和浏览记录等进行大数据分析后所产生的推送，如图4-9所示。

淘宝在"猜你喜欢"版块设有专门的广告投放位置，在供店家投放广告的同时，也大大节省了用户的搜索时间，更快且更精准地为用户提供心仪的产品。较为人性化的是，用户在此版块内不需要点击，视频便可自动播放，这种方法很容易吸引用户查看商品详情，增加用户的购买欲望。

（2）微淘

微淘内显示的是用户已关注的店铺信息，在该区域内可以看到店铺的上新产品，以及店铺的更新动态，同时也会推送店家的直播。对于安卓用户而言，该版块有专门的直播栏目，主播上新产品以及优惠折扣等信息都可以在上面展示，如图4-10所示。

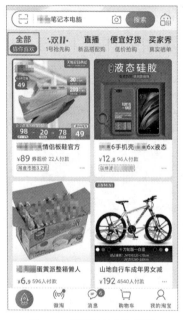

图4-9 "猜你喜欢"版块

图4-10 淘宝微淘直播

（3）聚划算

聚划算主要针对喜欢抢购商品优惠券的用户，每个整点都会有聚划算官方直播间派送大额专享券，供用户抢购，如图4-11所示。

（4）哇哦视频

哇哦视频有大量的直播内容，例如花式养娃、自驾必备以及宅家神器等。图4-12所示为哇哦视频界面。

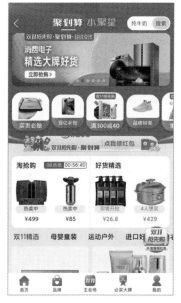

图4-11　聚划算官方大额专享券派送

图4-12　哇哦视频界面

蘑菇街直播：内容+网红KOL+电商

蘑菇街直播主要为女性群体提供穿搭参考。该平台上服装类型很多，且大多为时尚流行的款式，具有很高的实用性，主要体现在提供多场景的穿衣攻略，能让爱美的女性在各个场合都光鲜亮丽。蘑菇街直播除主打的服装搭配外，还在妆容、鞋包以及饰品上提供了搭配参考，节省了用户搭配服饰的时间，也解决了用户搭配服饰的烦恼。

4.3.1　蘑菇街直播的运营技巧

蘑菇街的运营主要通过网红KOL（Key Opinion Leader，关键意见领袖）的打造，结合内容与电商为一体的方式进行，以下是蘑菇街直播的运营分析。

（1）高颜值经济体

高颜值主播的搭配经验分享直播，为用户变美提供了一系列解决方案。蘑菇街巧妙地利用了女性对美好事物热衷与追求的心理，从直播内容到主播选择等各个方面都构造了一个高颜值经济体。

（2）以人为主

蘑菇街以主播为主，为主播提供源源不断的货物供给，为主播省心，让主播只需要专注直播。在用户上，蘑菇街以女性为主，为用户提供了不同类型的穿搭方案，解决了搭配烦恼。蘑菇街的产品价格亲民且有质量保证，可以让用户放心购买，这也是站在用户的角度思考经营。

在蘑菇街直播中，无论是主播还是用户，都一改原有的电商直播的运行关系，形成了蘑菇街独特的直播产业链。在这样的直播产业链下，用户、主播与平台的关系都得到了加强。

（3）培训体系

主播直播之前，蘑菇街会提供一套标准的培训体系，根据主播的情况（例如外形和经验等）进行划分，从直播产品的角度进行排列。在筛选排列完之后，蘑菇街官方会提供相应的经纪人与主播进行对接，经纪人会依据主播直播的视频，对其中出现的问题进行分析，提出全面的建议，让主播的直播状况更完善、效果更好。

在直播培训中，蘑菇街会与主播分享直播技巧，培训主播在直播中应该如何更好地表达和介绍产品，同时对主播的直播策划也会提供相关的经验与课程，让主播的直播从视觉、听觉、画面效果和观看体验上都得到更好的提升与加强。

这样的直播培训对于零基础的人来说，具有良好的效果。相较于其他平台的直播，这个平台的培训功能对直播小白来说，非常有益。

（4）蘑菇街购物台

蘑菇街在微信小程序内拥有自己的购物台，如图4-13所示。在蘑菇街购物平台上，会推送各式各样的蘑菇街直播，观看极为方便，蘑菇街小程序内的直播版块分为4个栏目，分别是热门、关注、穿搭和美妆。

在直播版块的每个栏目里都会显示相应的产品，展示内容简洁清晰。直播的封面为主播照片，巧妙地利用了主播的高颜值和用户喜欢美好事物的心理，吸引用户点击，促使产品价值变现。

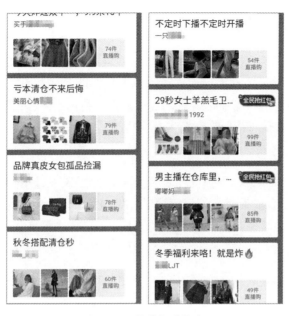

图4-13　蘑菇街购物台

4.3.2　蘑菇街直播的频道流量入口

从蘑菇街的一系列销售数据来看，女性用户的占比非常庞大，同时她们的购买力也非常强劲，完美地诠释了"她经济"的效应。通过对数据的分析，蘑菇街最重要的流量入口就是直播版块，通过直播的形式，有效地吸引了大部分用户的注意力，在直播带货模式下，平台商品的销售额增长非常明显。

拼多多直播：直播+电商模式

拼多多的"多多直播"门槛低、变现快，受到了许多主播喜爱。从用户角度分析，拼多多也是以实惠的价格吸引了众多用户下载和使用。下面将详细介绍拼多多直播的特点与引流手段。

4.4.1 拼多多直播的特点

无论是在拼多多 App 首页界面，还是搜索栏的搜索结果以及场景广告中，我们都可以看到"多多直播"入口。除此之外，商品详情页、店铺首页和关注店铺也是"多多直播"的流量入口，它出现在平台内用户停留的每个环节。"多多直播"相对于其他直播，在运营上具有以下特点。

（1）直播低门槛

拼多多的"多多直播"面向所有拼多多用户，未下过单的用户也可以通过"多多直播"进行直播带货，不仅门槛低、规则简单、使用操作方便，而且直播设置也非常平民化。

（2）产品价格优势

拼多多的产品定价很低，推行薄利多销的销售模式，以低廉的价格优势激发用户的购买欲望。

（3）关注主播福利

拼多多直播平台中的"多多直播"运营方式包括平台内的流量和粉丝的微信分享等。在拼多多直播中，用户随意点击一个直播间，停留几秒就会显示一个红包，这个功能可以吸引很多用户，但是用户只有关注主播才能打开红包，这种操作巧妙地利用红包玩法进行直播推广。当用户关注主播后，就会显示一个好友助力，若好友助力成功，用户可以再次领取红包，如图4-14所示。

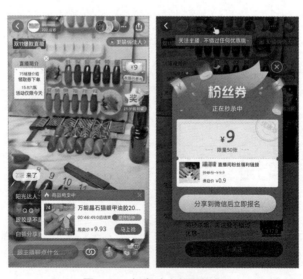

图4-14　好友助力领取红包

（4）同城直播

拼多多设有同城直播，如图4-15所示。在同城直播内，主播可以针对周边地区推广自己的店铺，让更多附近的人了解自己的店铺和产品。同时，这种做法还可以提高店铺的周边影响力，吸引同城用户购买。

（5）用户购买便捷

在"多多直播"界面下方，用户可以随时以拼单的形式购买商品，在直播时还有"求讲解"功能，如图4-16所示。主播对用户感兴趣的物品可以随时提供讲解，这种便捷的购买方式和随时提供的讲解功能可以吸引更多用户进行消费。

图4-15 拼多多同城直播

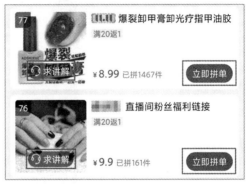

图4-16 便捷的购买方式和"求讲解"功能

4.4.2 给店铺直播带来更多流量

如今，"电商＋直播"已经成为行业标配，拼多多平台也紧跟直播电商潮流，开启直播带货功能，帮助商家提升用户黏性和流量转化效率。

（1）直播间推广的展示位置

商家可以利用"多多搜索"推广工具创建直播间推广计划，这样当用户在搜索商品时，即可在搜索结果页中看到有直播标签的商品，如图4-17所示。用户点击直播标签即可进入商品详情页，如图4-18所示。

图4-19所示为推广商品详情页截图，用户在此点击直播小窗口，可以直接跳转直播间界面，通过全屏的方式观看直播，直播中可以看到店铺名称、观看人数，同时还可以在文本框中输入相应内容，跟主播进行聊天互动。

图4-17 直播间推广的广告位

图4-18 推广商品的详情页

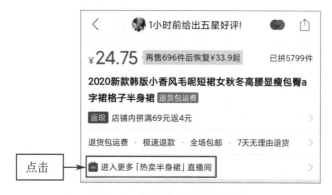

图4-19 推广商品详情页截图

（2）上传"多多直播"广告素材

在开始投放"多多搜索"直播间推广计划前，主播需要先在拼多多商家版App中创建直播，在"店铺"界面，依次点击"全部应用"→"多多直播"→"创建直播"按钮，如图4-20所示。操作完成后，进入"创建直播"界面，商家可以在此上传广告素材，如图4-21所示。

需要注意的是，广告素材的图片尺寸不能低于800px×1200px，主播可以直接裁剪推广商品的图片来生成，也可以使用直播间封面作为创意图。这一步必须要先完成，否则会影响推广效果。

图4-20 "店铺"界面　　　　　　图4-21 "创建直播"界面

（3）创建直播间推广计划

完成广告素材的上传并创建直播后，主播即可前往拼多多管理后台创建直播间推广计划，下面介绍具体的操作方法。

步骤01 在"多多搜索"主界面，单击"新建推广计划"按钮，进入"新建推广计划"界面，在"推广类型"中选择"直播间推广"，并设置相应的计划名称、预算日限和分时折扣，单击"继续"按钮，如图4-22所示。

步骤02 进入"推广单元"设置界面，设置基础信息和关键词及出价，系统会根据直播间商品为主播匹配关键词，如图4-23所示。

图4-22 "新建推广计划"界面　　　图4-23 "推广单元"设置界面

步骤03 接下来进入"创意"设置界面，创意图由系统根据直播间封面及主播在创建"多多直播"时上传的广告素材自动生成，目前不支持编辑，如图4-24所示。设置完成后，单击"完成"按钮，即可完成创建直播间推广计划。

图4-24 "创意"设置界面

（4）直播间推广的注意事项

对于主播来说，直播间推广计划是"多多直播"一大引流利器，不过主播在创建直播间推广计划时，需要注意以下事项。

① 分时折扣不能设置为0%，否则直播间无法得到曝光。因此，主播可以结合自己的直播时段，来合理设置直播间推广的分时折扣，从而避免出现在直播时没有得到推广的情况。

② 在"推广单元"的基础信息设置界面，推广直播间默认选择为"本店"，主播可以不用选择。

③ 在"关键词及出价"选项区中，出价范围为0.1～99元，系统会根据主播设置的价格为关键词出价，从而引入更多搜索流量到直播间。

④ 直播间推广的计费模式也和"多多搜索"商品推广计划一样，都是按照CPC（Cost Per Click，点击成本，即每产生一次点击所花费的成本）的方式进行计费。

⑤ 若主播创建的直播间推广计划没有通过系统审核，此时主播可以通过拼多多商家版App重新创建直播间，并重新上传广告素材。

4.4.3 强化粉丝运营获得更多曝光

除了商品推广和店铺推广功能外，"多多场景"还支持直播间推广。因此，主播在直播的同时，也可以通过"多多场景"的资源位渠道来推广自己的直播间，从而增加直播间的曝光度，让店铺主播更好地吸粉引流，打造自己专属的私域流量。

下面介绍创建"多多场景"直播间推广计划的具体操作方法。

步骤01 新建一个"多多场景"推广计划，进入"基础信息"设置界面，❶在"推广类型"中选择"直播间推广"；❷设置相应的计划名称、预算日限和分时折扣选项，如图4-25所示。

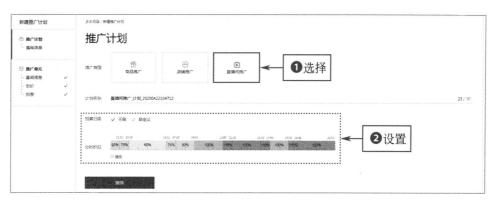

图4-25　设置推广计划基础信息

步骤02 单击"继续"按钮，进入"推广单元"设置界面。在"基础信息"选项区中，推广直播间默认为本店，商家无需进行设置，只需要设置单元名称即可，如图4-26所示。

图4-26　设置推广单元基础信息

步骤03 在"资源位及人群"选项区中，主播需要设置相应的基础出价、资源位溢价和人群溢价选项，可以选中所需资源位和人群，并填写合适的溢价比例，如图4-27所示。"多多场景"的直播间推广目前只有一个营销活动页资源位，人群则包括访客重定向、叶子类目定向、相似店铺定向和自定义创建的人群包。

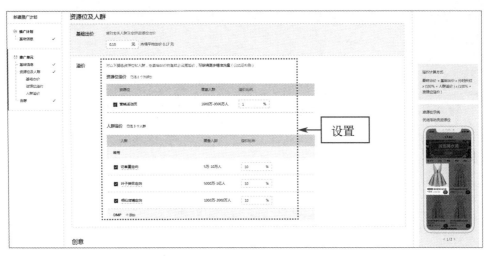

图4-27 设置资源位及人群溢价

步骤04 在"创意"选项区中，系统会根据直播封面和直播商品自动为主播生成创意，如图4-28所示。

步骤05 单击"完成"按钮，即可创建"多多场景"直播间推广计划，直播间广告将展示到营销活动页的资源位上，如图4-29所示。主播依次点击"多多果园"→"观看直播一分钟"，进入"多多果园"界面。在此界面，主播可以利用进入渠道的高转化人群，获得更多的直播流量和更高的转化效率。

图4-28 创意设置界面

图4-29 营销活动页的资源位

不过，需要注意的是，主播必须在直播间标题中突出产品卖点信息，同时保证直播间的"小红盒"（商品列表）中有商品，这样才能获得更多的曝光量、点击率和转化率。

创建直播间推广计划后，主播可以依次进入拼多多管理后台的"推广中心"→"推广计划"→"多多场景"界面，查看自己的直播间推广计划，如图4-30所示。同时，主播还可以进入计划详情页中，查看直播间推广的资源位和人群定向等各维度的运营数据。

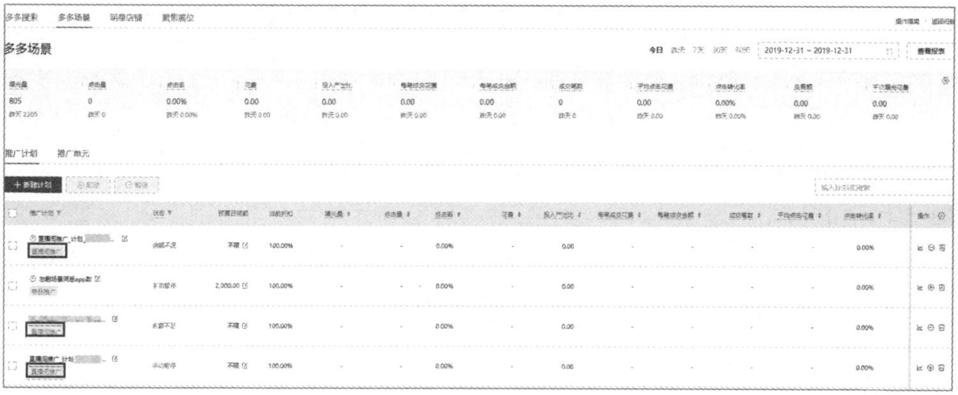

图4-30　查看已创建的直播间推广计划

第5章
自媒体直播引流，
快速吸粉的最佳方式

本章主要介绍自媒体直播的引流玩法，从4个方面进行了分析阐述，并讲述了头条直播和B站直播两个平台的直播运营方法和引流技巧，帮助想要进行自媒体直播的主播了解更多自媒体的直播资讯。

自媒体玩法：利用直播带动自媒体增长

直播可以带动自媒体的发展，可以很好地提升自媒体的影响力，同时还能巩固市场基础。那么主播该如何利用自媒体进行直播呢？本节将介绍自媒体直播的准备工作。

5.1.1　了解自身价值与用户需求

开辟直播市场之前，主播需要了解和调查用户对直播的需求，需要了解市场，需要具备敏锐的嗅觉和悟性。在没有市场时主播可以自己主动去寻找用户，开创属于自己的市场。此外，主播还要思考：自己的自媒体能为用户提供什么样的直播？定位如何？他们为什么会选择自己的服务？

（1）客户群体

一个产品、一个行业的产生和发展通常是从一线城市开始流行，接着是二三四线城市，最后普及到乡村。直播行业已经越来越火热，那么处于流行线末端的城市，对主播来说会是一个商机。比如，某主播选择三四线城市和乡村的群体为目标客户群体，在开始阶段，主播要自己去寻找客户，甚至亲自去现场，询问客户群体的需求，让他们了解自己的直播内容。

（2）产品价值

自媒体直播能提供什么样的产品和服务，这些产品和服务的价值是什么？这些都是主播要思考的内容。例如对于自媒体"三农"（即农村、农业和农民）题材，大多数消费者认为农民都是朴实的，所以农民所种植的产品也被多数消费者所喜爱。在自媒体直播中，主播选择"三农"产品进行直播销售，自然也会有许多用户愿意进行购买。

城市化的发展，让越来越多人对农村生活产生好奇，但是随着平台上出现越来越多"三农"题材直播内容，同质化现象越来越明显。所以，主播策划的直播内容要具有差异性和创意性，要具有产品价值，切不可脱离现实，失去真实性。

（3）个人知名度

个人知名度指的是运营自媒体的主播需要提高个人或者平台的知名度。换句话说，主播知名度越高，关注的用户也就越多，商家也便更愿意找主播寻求合作。主要原因是这类主播能给商家的品牌提升影响力，同时这也是这类主播能给商家提供的主要价值。

人们对熟悉或者相似的事物，会更具有好感。在提升知名度之前，主播需要让用户对品牌有概念性的认识。随着品牌知名度提升，接受的群体也会扩大，到最后，每个商家都会来找这个主播进行直播。

5.1.2 根据不同用户制定收费策略

在市场逐步扩大之后，主播需要思考直播产品的定价，直播费用应该根据用户的不同进行差异化划分，例如按照地区的政府、大客户和普通客户的不同，费用也就不同。图5-1为差异性收费标准参考。

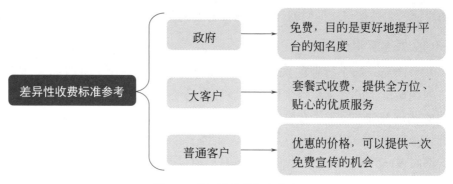

图5-1　差异性收费标准参考

5.1.3　建立团队，提高内容质量和播放量

正所谓众人拾柴火焰高，在直播行业越来越普及的情况下，合作联盟的成立，在一定程度上能够解决个人难以抗衡的压力。在自媒体行业也可以进行合作，每家自媒体都会有各自的优势，我们要做的就是利用优势进行合作，一起优化直播内容的质量，以增加直播播放量。主播可以采用各家自媒体设备组建直播联盟，与它们一起组织高质量、多场次的直播。

（1）合作团队的选择

关于直播合作团队的选择，我们可以遵从四个原则，如图5-2所示。

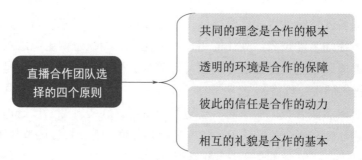

图5-2　直播合作团队选择的四个原则

（2）合作策略的制定

选择好合作团队之后，主播需要制定一个合作策略，包含产品策略、价格策略和渠道策略。

5.1.4　策划直播全案抓住痛点

在进行直播策划时，主播需要做到全面且细致，可以从以下四点出发，如图 5-3 所示。

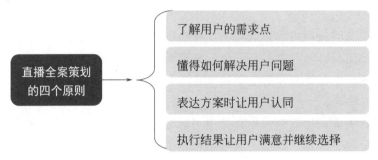

图 5-3　直播全案策划的四个原则

头条直播：个性化的推荐机制

今日头条是一个给用户提供个性化推荐信息的引擎产品。在今日头条平台，自媒体人可以依靠实力与粉丝进行直播互动，而不是凭借颜值。

5.2.1　今日头条直播的运营技巧

今日头条直播用的是西瓜视频直插入口，我们也可以将其称为西瓜直播。今日头条直播在管理上建立了一套完整的主播和直播内容审核流程。以主播注册为例，首先，需通过上传本人和身份证合照，或者人脸识别进行实名认证，并且明令禁止未成年人进行直播。

其次，今日头条平台会对主播的信用进行评级，还会对直播间的内容进行审核，审核内容包括主播的资料、行为以及历史观众的资料。此外，平台还会结合青少年模式，针对青少年进行相关直播内容的过滤和筛选。

最后，平台会设置投诉举报入口，实行用户监督，建立绿色的直播平台。

值得关注的是，今日头条直播在岁末会有福利，比如在 2019 年春节期间，它就采用了"直播+答题"模式，推出了直播答题"百万英雄"活动。题目有12道，涵盖范围广泛，答题完成后可瓜分现金奖励。

5.2.2 今日头条直播引流技巧

今日头条的直播内容以娱乐类、社会类为主，且"三农"方面的直播内容非常多，如图5-4所示。"三农"内容是政策鼓励的方向，可以帮助不少人脱贫致富，因此，也会得到今日头条的流量扶持，给予这类直播更多的推荐，容易获得更多的粉丝。

从今日头条直播频道的信息流中可以看到，那些坐拥几十万粉丝的主播通常都有认证标签，如"优质三农领域创作者""扶贫达人团成员""搞笑领域创作者""三农达人团成员""三农类电商官方账号"等。

头条号认证对于主播来说，其引流意义是非凡的，作用如下。

① 提升知名度，会更让人信服，直播内容也会被优先推荐观看。

② 大大增加曝光和关注，获得更多粉丝。

③ 彰显独特身份，展现专业度，对增强主播所属领域的垂直度有帮助。

④ 提升粉丝黏性。

另外，对于加"V"的主播账号，广告主在进行营销时会优选这类账号进行合作。总的来说，头条号认证可以分为职业认证、兴趣认证和企业认证3种类型，都可以为账号带来更多粉丝，如图5-5所示。

图5-4 "三农"直播内容

图5-5 头条号认证

（1）职业认证

职业认证主要作用是体现主播的真实职业，如某IT界"大佬"的认证就是"××公司创始人、董事长兼CEO"。主播只需要将自己的真实工作证明、执业证或者荣誉证书等文件上传到系统，就可以快速完成职业认证。

但是，职业认证通过后不一定会加"V"，如图5-6所示。除非那些名气非常大的名人明星，只需要通过职业认证，系统就会加"V"。例如，"乡村教师代言人——××"，他的身份认证就是"××公益基金会创始人"，系统同时也给予了黄"V"标签，如图5-7所示。

图5-6　没有加"V"的职业认证示例

图5-7　加"V"的职业认证示例

（2）兴趣认证

兴趣认证是一种比较新颖的认证方式，也是一种专业领域的身份标识，比较容易获得。运营者只需要在今日头条上回答4个某领域的问题，并且这4个回答被系统判定为优质回答，即可获得相关的兴趣认证标签，如"音乐领域优质创作者""情感领域优质创作者""游戏领域优质创作者""财经领域优质创作者"等。

获得兴趣认证标签同样不会马上加"V"，此时用户还需要继续创作垂直领域的内容，申请成为该领域的优质创作者。

（3）企业认证

企业认证需要到电脑端操作，进入头条号主页，登录今日头条账号，支付认证审核服务费，提交认证所需资料，预计2个工作日内审核完成，企业认证的主要优势和基本流程如图5-8所示。

图5-8　企业认证的主要优势和基本流程

运营者只需单击"开启认证"按钮，设置相应的用户名称、认证信息、行业分类、企业营业执照、认证申请公函、其他资质、运营者姓名、运营者手机号码、运营者电子邮箱、发票接收电子邮箱及邀请码等选项，同意并遵守《企业认证协议》，单击"提交资料"按钮等待审核即可，如图5-9所示。

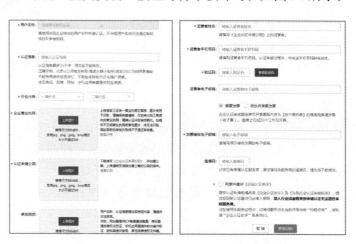

图5-9　企业认证需要的具体信息和资料

图5-10所示为某公司的头条号，其认证信息为"××公司官方账号"，并且添加了蓝"V"认证标签，同时还打造了一系列账号矩阵，不仅便于各种形式的内容发布（图文、短视频、直播）和子账号管理，还能加速积累粉丝。

图5-10　××公司的头条号

B站直播：广受年轻人喜爱的直播平台

　　B站是一个深受年轻人喜爱的综合型平台，该平台78%的用户年龄为18～35岁。内容方面，B站上有许多有趣又饱含创意的视频，许多风靡网络的热词都是在B站视频中产生的。

　　此外，B站还是国内首个关注ACG（即Animation、Comics和Games的首字母缩写，分别对应动画、漫画和游戏）直播的互动平台。B站直播内容主要以游戏和电竞为主，逐渐开始覆盖娱乐和生活等领域。一般来说，在B站主播进行直播之前，大多数都会先进行视频投稿，再开启直播。当积累和拥有大量的粉丝以及足够的观看量之后，才会进行直播。

5.3.1　配置直播设备

　　主播在直播过程中，想要给用户好的体验，就需要保证直播的电脑设备能够流畅运行，以及保证直播画面的流畅度。图5-11为B站官方推荐的电脑配置，可供参考。

标准配置：	推荐配置：	高级配置：
CPU：英特尔酷睿i3 8100	CPU：英特尔酷睿i5 8400 / AMD 锐龙 Ryzen 5 2500x	CPU：英特尔酷睿i7 8700 / AMD 锐龙 Ryzen 5 3600x
主板：B360及以上	主板：Z370(英特尔)/B450(AMD)及以上	主板：Z370(英特尔)/B450(AMD)及以上
内存：8GB内存及以上	内存：16GB内存及以上	内存：32GB内存及以上
显卡：独立显卡	显卡：GTX1660 Super / RX580 及以上	显卡：RTX2080Ti/RX Vega 64
适配游戏：唱歌娱乐、聊天日常	适配游戏：LOL、CSGO	适配游戏：只狼、APEX

图5-11　B站官方推荐的电脑配置

直播画面的流畅度和稳定性除了与电脑配置相关外，还和网络环境、麦克风等因素有关。B站官方建议主播的宽带网速大于20M。

关于麦克风设备，这里推荐飞利浦DLK38003、唱吧G1、得胜PH-120等。图5-12所示为飞利浦DLK38003与得胜PH-120。

图5-12　飞利浦DLK38003（左）与得胜PH-120（右）

这些麦克风设备都有着不错的表现力，并且优质的麦克风可以让主播的声音更干净，让用户更好地听清声音。此外，有些麦克风具备变声效果，可以让直播效果更生动。如果主播将麦克风与声卡配合使用，相当于"调音师"，在很大程度上可以美化主播的声音。

5.3.2　深耕B站直播

"直播+"模式就是指将直播与公益、电商、农业、音乐、电竞和教育等领域相结合，细化的市场和深入垂直的领域，共同推动了B站直播向更深的产业内部渗透。

细化的直播内容，既能保证直播内容的及时更新，也能提升直播内容的品质，同时增强主播与粉丝之间的黏性，赢得粉丝的信任，获得更多忠实用户的支持，为主播的发展和之后的变现做铺垫。

此外，各行业在"直播+"的模式下，也能获得更多新的经济增长点，与B站实现共赢。这种多样化的发展让B站突破了原有的直播流量红利消失的瓶颈，也让各行业获得了新的销售传播途径，进一步释放了行业的价值。

5.3.3 细化市场定位

面对互联网的不断更迭以及不断增长且细化的用户需求，主播需要细化自身的市场定位。只有对B站用户需求进行精准挖掘，才能使直播取得更佳的效果。图5-13所示为"直播+"模式的主要概要。

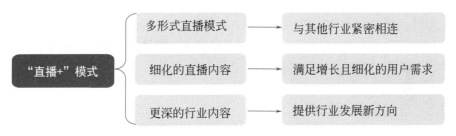

图5-13 "直播+"模式的主要概要

在这样一个"千人直播"的时代，人们对网络千篇一律的传统直播模式习以为常，而"直播+"的模式，将直播与其他行业紧密相连，也为B站主播的发展提供了新的选择和方向。

单一的直播模式在B站用户心中已失去新鲜感，而"直播+"模式将直播对准更深的行业领域，并成为此行业的传播途径，既能满足B站用户对直播的不同需求，也能为主播自身的发展获得更多机会。因此，主播需要细化自身的市场定位，深耕垂直领域。

例如游戏主播在直播中可以侧重游戏相关内容及其衍生品的销售，这样不仅可以让主播获得实际收入，也能吸引一大批精准粉丝。因此，游戏主播除了可以获得B站用户打赏之外，还可以为他们提供一些游戏的相关产品，例如游戏礼包、虚拟道具以及人物相关的模型等游戏周边。图5-14为游戏直播模式的解释。

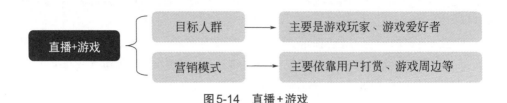

图 5-14　直播+游戏

5.3.4　直播带来的新增长点

传统的销售方式，例如电视购物，主要通过主持人来描述产品，是单向销售形式。但是"直播+"形式下的销售是互动的，主播和 B 站用户可以通过弹幕相互交流。此外，因主播和用户之间的信任关系，从主播的角度介绍产品，可以大大提高用户的购买欲望，这样的方式有利于商品价值的变现和精准粉丝的获取，同时还能为行业经济发展提供新的增长点。

"直播+"模式下的销售依托直播为手段，更加确保了商品的真实性，5G 技术下视频变得可扩大可缩小，方便用户更仔细地观察产品。

另外，例如农业这样的传统行业，一般是通过现场销售或者对周边城区进行销售，但是"电商+农业"的模式，不仅扩大了粉丝来源渠道，还促进了农产品推广，扩大了农产品的销售范围。

5.3.5　B 站及行业的双赢

以"直播+电商"形式为例，主播将直播内容与商品相关联，不仅方便 B 站用户购买，也能节省销售成本。"直播+电商"模式能依靠主播的流量，在短时间内使商品达到较好的促销效果，同时商品也能被热爱网购的年轻人所青睐，让 B 站用户在观看直播的同时，潜意识接受产品，并直接产生购买行为。

无论是 B 站、合作的品牌，还是主播，都能因此模式获益。对 B 站来说，"直播+电商"形式能加速流量变现，用户越喜爱这种形式，观看电商直播的用户就越多。对合作的品牌来说，B 站的电商直播越火热，其产品就越热销。对主播来说，B 站越火热，其直播间的点击量和流量也越多，流量变现越迅速。如图 5-15 所示。

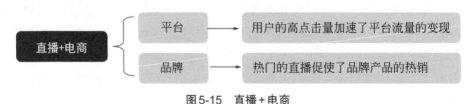

图 5-15　直播+电商

平台自身的市场定位在合作中尤为关键。例如，因为B站学生用户相对较多，B站有关学习的直播主要针对的是学生群体，而且非常受用户欢迎，如图5-16所示。B站这种市场定位不仅能为学生群体提供细致精准的服务，还能让用户获得有关的知识，从引导用户到培育用户，进而确保了平台的流量和主播的粉丝基数。

图5-16　B站受欢迎的学习直播

5.3.6　必备的引流技巧

B站直播引流可以从直播标题、直播封面、主播公告和弹幕口令角度进行操作。

（1）直播标题引流

① 图5-17是制造悬念感的直播标题案例，图中的"猜品种！！！真的不是猫"这样的标题既简洁又极具悬念感，非常有吸引力。

② 直播标题营造幽默感。比如"有没有厉害的带带俺们""我就是最靓的崽"，这类直播标题都透着一股幽默感，让用户忍俊不禁，如图5-18所示。

图5-17　制造悬念感的直播标题示例

图 5-18 幽默感十足的直播标题示例

（2）直播封面引流

人是视觉动物，一个好的直播封面远比直播标题吸引人，下面介绍三类受 B 站用户欢迎的直播封面。

① 将直播标题或直播内容写在直播封面上，让 B 站用户一眼就能了解内容，如图 5-19 所示。

② B 站虽然已经开始拓展自己的业务，但我们从 B 站客户端界面风格和热门内容都可以看出来，B 站还是有浓重的二次元风格的。因此可以选择二次元人物作为直播封面，如图 5-20 所示。

图 5-19　直播封面有文字示例

图 5-20　二次元人物作为直播封面的示例

③ 如果主播本身是女性，可以选择自己漂亮端庄或卖萌的照片作为直播封面，如图 5-21 所示。

图5-21　漂亮照片作为直播封面的示例

（3）主播公告引流

主播还可以利用直播界面下的主播公告进行引流，如图5-22所示，这两位主播都在主播公告里贴出QQ群号进行引流。

图5-22　主播公告引流

（4）弹幕口令引流

图5-23是主播利用弹幕口令吸引用户进行引流的示例。B站用户点击"一键参与并关注"按钮，即可领取0.1元，同时还会关注该主播，并自动发送"下午好"的弹幕。

图5-23　弹幕口令引流

第6章

短视频平台直播，
流量红利不可错失

本章主要介绍短视频平台推出直播的优势，主要以抖音平台与快手平台为例，分析两个平台各自的直播特点以及运营技巧和引流手段，告诉主播在抖音和快手平台上如何进行有效直播。

直播+短视频：共享用户流量池

网络短视频的类型多种多样，形式也在不断更新，并随着时代的进步而变化。为了更熟练地进行直播+短视频模式运营，了解直播和短视频是不可或缺的一个环节。

6.1.1 直播内容的即时性、互动性、强沟通性

直播具有即时互动性，这一特点主要通过弹幕的形式展现，几乎所有的直

播都可以进行单向、双向甚至多向互动交流。

于企业而言，直播的这种优势能够帮助企业获得用户的反馈，从而更有针对性地对自身进行改进。于用户而言，他们可以通过直播与企业进行互动，传播企业品牌，表达自己的意见和建议，这种互动性能够有效提升企业的营销效果。

直播还具有沟通性强的特点。在进行电商直播时，用户可能会问到产品适应范围等相关问题。例如针对护肤类产品询问是适合干性肌肤还是适合油性肌肤，针对服装类产品询问尺寸大小等各类不同的问题。在娱乐直播时，用户还可以与主播互相问好。

6.1.2 短视频内容的碎片化、精细化、分享性

短视频时间精短，但是短短几分钟可以将一个原本复杂枯燥的知识转化为简单且具有趣味性的内容。短视频的制作门槛较低，普通用户也能轻松上手。

（1）短视频内容的碎片化

短视频的诞生与人们逐渐忙碌的生活方式息息相关，它能够让人们利用零碎的时间观看，并且可以通过移动数据或Wi-Fi随时观看。短视频的使用是碎片化的，而长视频的观看则需要花费更长的时间，并且适宜在稳定的网络环境下观看。

短视频具有三大优势，笔者分别从用户需求、用户观看和用户黏性三个角度进行分析，如图6-1所示。

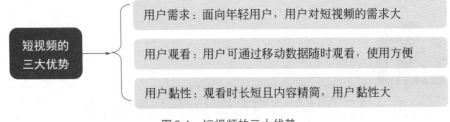

图6-1 短视频的三大优势

短视频的创作者分为四类，分别为普通用户、专业用户、专业机构和内容整合机构，如图6-2所示。

（2）短视频内容的精细化

短视频的内容精准，标签分类众多。以B站为例，截至2020年11月，B站的短视频分类共有2647个频道，在频道下，共有25个标签选项，除我的订阅、热门和全部3个标签外，其他22个都是不同类型的标签。图6-3即为B站的热门和动漫类标签。

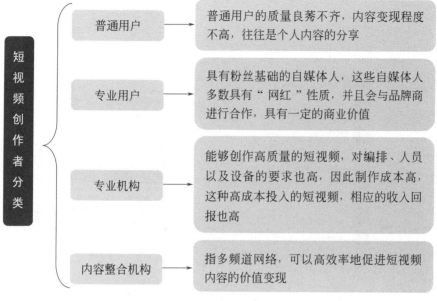

图6-2　短视频创作者分类

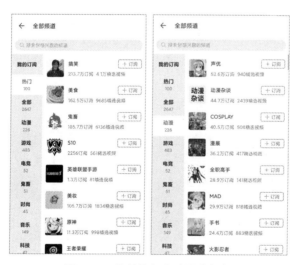

图6-3　B站的热门和动漫类标签

在这些标签下，又有不同细化分类，例如"电影"标签，它又可以分为影评、电影解说、影视混剪、影视剪辑等频道，甚至还包括不同的电影名称，如图6-4所示。

打开任意一个频道后，又有精选、综合和话题3个栏目，在"精选"栏目的下方有不同年份的选项可供用户选择。图6-5为"电音"标签的页面。

图6-4 "电影"标签分类

图6-5 "电音"标签页面

这种精准的分类，可以让用户通过标签快速找到自己感兴趣的视频内容，同时大数据算法也可以让平台提供更加精准的个性化视频推荐。

（3）短视频的分享性

以读书为例，网络上有大量的读书类分享视频，对于想要读书却不知道读什么的人来说，这类分享视频具有很好的引导作用。4月23日为"世界图书与版权日"，也叫作"世界图书日"，快手平台在"世界图书与版权日"前夕推出了"陪你读书"号游览指南活动，如图6-6所示。

图6-6 快手"陪你读书"号游览指南活动

6.1.3 二者相辅相成，转化流量

相较于短视频，直播的互动性更为及时且更直接，许多短视频平台都开通了直播功能，这种短视频与直播相结合的形式，既让主播与粉丝的交流得到了加强，也使得平台用户黏性增大。短视频与直播的结合，不仅有效综合了二者的优势，也更大程度地促进了直播内容的变现。图6-7所示为短视频与直播各自的优势。

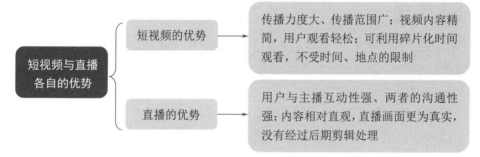

图6-7 短视频与直播各自的优势

快手在2020年4月推出的"陪你读书"活动，就是直播与短视频相结合的形式，如图6-8所示。活动分为三个部分："大咖陪你读书""24小时公益直播接力""老铁爱书分享"。

图6-8 "陪你读书"活动内容

在快手短视频下的"大咖陪你读书"标签中，可以看到一些大咖的直播间信息，用户可在直播时间内进入直播间，观看直播内容；点击短视频上的"24小时公益直播接力"标签，所有用户都可以报名参与。快手通过这种"直播+短视频"的形式，大大提高了"陪你读书"活动的人气。

6.2

抖音直播：值得收藏的引流宝典

抖音上线直播功能，目的是输出美好正能量的内容。主播可以通过开通抖音直播来获取用户。在抖音开通直播功能可以为产品注入自发传播的基因，促进账号的引流、分享和拉新，从"自传播"到再次获取新用户，可以形成一个螺旋式上升的轨道。

6.2.1　如何打造抖音直播室？

在抖音直播的过程中，一定要遵守直播的内容规范和要求，不要踩红线，以免苦心经营的账号被封。在开始直播之前，我们首先要做好直播的相关准备工作。接下来为大家介绍抖音直播间的打造方法。

（1）建立专业的直播间

首先要建立一个专业的直播场所，主要包括以下几个方面。

● 直播间要有良好稳定的网络环境，保证直播时不会掉线和卡顿，不影响用户的观看体验，建议选择办理宽带或无限流量的网络套餐。

● 购买一套优质的电容麦克风设备和声卡，给用户带来更好的音质效果。

● 购买一款前置摄像头像素高的手机，让直播画面更加清晰，给用户留下良好的外在形象，还可以通过美颜效果来提高自己的颜值。

除此之外，还需要准备手机支架、补光灯和高保真耳机等。直播补光灯可以根据不同的场景调整画面亮度，具有美颜和亮肤等作用，如图6-9所示。手机直播声卡可以高保真收音，还原更加真实的声音，如图6-10所示。

图6-9　LED环形直播补光灯

图6-10　手机直播声卡

（2）设置一个吸睛的封面

抖音直播的封面图片设置得好，能够吸引更多的粉丝观看。目前，抖音直播平台上的封面大多以主播的个人肖像照片为主，背景以场景图居多。抖音直播的封面不宜过大也不要太小，需要是正方形等比的，画面要清晰美观。

（3）撰写一个创意的标题

标题的重要性不言而喻，对短视频和直播的引流来说作用显著。一个好的标题能吸引更多的用户点击观看直播，提高直播间的人气，所以主播要尽量使自己的标题有创意，能够吸引观众眼球。

（4）选择合适的直播内容

抖音直播的内容多种多样，例如生活、美食、旅游和游戏等，这些都是从抖音社区文化中衍生出来的。主播在抖音进行直播时，可以从自己擅长或感兴趣的领域切入，分享内容来吸引用户。

6.2.2　抖音直播的吸粉技巧

接下来，将分析抖音直播的吸粉引流技巧，以提高直播间的人气，具体内容如下。

（1）定位清晰

精准的定位可以形成个性化的人设，有利于打造细分领域的专家形象，下面笔者介绍一些热门的直播定位类型供参考，如图6-11所示。

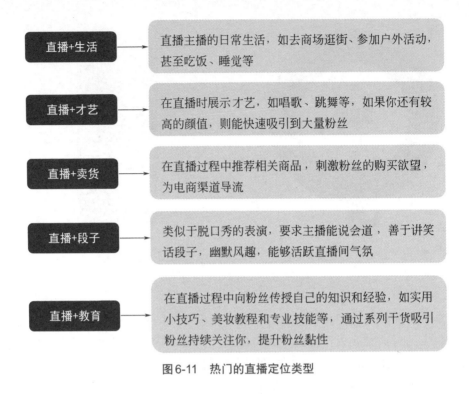

图6-11 热门的直播定位类型

（2）内容垂直

根据自己的定位来策划垂直领域的内容，主播在直播前可以先策划一个脚本大纲，再围绕大纲细化直播过程，准备相关的道具、话术和剧本等。在直播过程中，还需要时刻关注粉丝动态，当有用户进来时要热情欢迎，有用户提问时要及时回复。

（3）特色名字

起名字时需要根据抖音上不同的用户对象来设置不同的名称，具体内容如下。

① 电竞或游戏类主播可以起霸气一些的名字。

② 以二次元内容为主的主播，名字尽可能显得年轻和符合潮流。

③ 以带货为主的主播，名字则要与品牌或产品等定位相符。

（4）布景专业

直播的环境不仅要干净整洁，也需要符合主播的人设风格，给用户带来良好的印象。例如，在卖货为主的直播环境中，主播可以在背景里摆一些商品样品，商品的摆放要整齐，房间的灯光要明亮，突出产品的细节，如图6-12所示。

图6-12 直播布景示例

（5）聊天话题

主播可以制造热议话题为自己的抖音直播间快速积攒人气，但内容一定要健康积极，符合法律法规和平台规则。当然，主播在与粉丝聊天互动时，还需要掌握一些聊天的技巧，如图6-13所示。

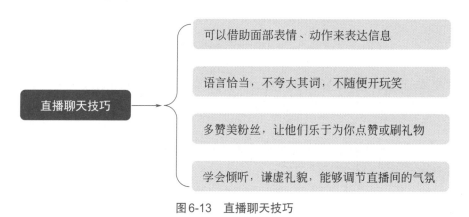

图6-13 直播聊天技巧

在直播过程中，不仅要用高质量的内容吸引观众，而且要随时引导这些进来的用户关注你的抖音号，成为你的粉丝。

（6）互动活动

直播时，有时会遇到一种比较尴尬的情况，那就是冷场。这时，可以找人来和你一起直播，带动直播间的气氛，也可以选择与一些老粉丝互动，进一步提高粉丝黏性。

除了聊天外，主播还可以在直播中做一些互动，比如帮助粉丝解决生活中的一些问题和疑惑，和粉丝一起玩游戏，进行户外直播互动，或者举行一些抽奖活动等，如图6-14所示。这样可以提升粉丝的活跃度，吸引更多潜在用户的关注。

图6-14　游戏互动（左）和户外互动（右）

（7）开播准时

主播的直播时间最好能够固定，因为很多粉丝都是利用闲暇时间来看直播的，主播的直播时间一定要和他们的空闲时间相匹配，这样他们才有时间观看直播。

因此，主播最好能找到粉丝活跃度最大的时间段，然后每天定时直播，也让粉丝养成准时观看直播的习惯。

（8）抱团吸粉

抱团吸粉也是直播引流常用的方式之一，我们可以和一些同类型的主播打交道，搞好关系，然后互相为直播间吸粉推广。你还可以带领自己的粉丝去对方的直播间进行"查房"，"查房"是主播直播中常用的一种互动方式，这种抱团吸粉的引流模式类似于常见的"账号互推"。

（9）营销自己

抖音通常会分配给中小主播一些地域流量，如首页推荐或者其他分页的顶部推荐，增加其曝光量，此时主播一定要抓住一切机会来推广和营销自己。

（10）维护粉丝

当通过直播积累一定的粉丝量后，一定要做好粉丝沉淀，可以将他们引导到个人微信或公众号等平台，更好地与粉丝进行交流沟通，以表示你对他们的重视。平时主播可以多给粉丝送福利、发红包或者优惠券等，提高用户留存率和粉丝黏性，进而挖掘粉丝经济，实现多次销售的目的。

6.2.3 抖音直播的互动玩法

抖音没有采用秀场直播平台常用的榜单PK方式，而是以粉丝点赞作为排行依据，这样可以让普通用户的存在感更强。下面介绍抖音直播的几种互动方式。

（1）评论互动

用户可以发布评论，此时主播要多关注这些评论内容，输入一些有趣的和幽默的评论进行互动，如图6-15所示。

图6-15 直播间的评论

（2）礼物互动

礼物是直播平台最常用的互动形式，抖音的主播礼物名字都比较特别，不仅体现出浓浓的抖音文化，同时也非常符合当下年轻人的使用习惯以及网络流行文化，如"小心心""热气球""为你打call"等，如图6-16所示。

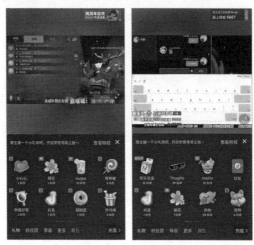

图 6-16　主播礼物

（3）点赞互动

用户可以双击屏幕（文字以外的地方），给喜欢的主播点赞，增加主播人气。主播的总计收入是以"音浪"的方式呈现的，粉丝给主播的打赏越多，获得的人气越高，收入自然也越高。

（4）建立粉丝团管理粉丝

抖音主播一般都会有不同数量的粉丝团，这些粉丝可以在主播直播间享有一定特权，主播可以通过"粉丝团"与粉丝形成更强的黏性。用户点击直播界面的爱心图标，这时底部会弹出加入主播粉丝团的窗口，然后点击"加入粉丝团 ×抖币"按钮，支付指定的抖币，即可加入该主播的粉丝团，如图6-17所示。

图 6-17　加入主播粉丝团

快手直播：打造强情感联结

对于主播来说，无论是吸粉，还是提高粉丝的黏性都非常重要。这一节通过对快手直播相关内容的解读，帮助各位主播提高直播引流能力，更好地与快手用户形成紧密的联系。

6.3.1　快手平台定位

虽然同为短视频应用，但是快手和抖音的定位完全不一样。抖音的红火靠的是马太效应——强者恒强，弱者愈弱。这就是说在抖音上，本身流量就大的网红和明星可以通过官方支持获得更多的流量和曝光，对于普通用户而言，获得推荐和上热门的机会就少得多。

快手的其中一个创始人曾表示："我就想做一个普通人都能平等记录的好产品。"这个恰好就是快手的核心逻辑。抖音靠的是流量为王，快手是即使损失一部分流量，也要让用户获得平等推荐的机会。正因为这个核心逻辑，快手才会那么火。

6.3.2　快手的直播业务

快手平台的直播与抖音平台的直播不同，快手直播分发的流量会尽可能平均，采取"去中心化"的运作模式，这使得更多的普通用户得到了较好的曝光机会，同时快手的流量资源掌握在主播的手中，这对主播来说具有很好的优势。

109

6.4

快手直播：短期内获取大量的流量

在快手上，不乏专业团队包装和运营的职业主播，也有不少跃跃欲试、缺少经验的快手新玩家。那么，对于这些直播新玩家，他们又通过哪些方式在这个竞争激烈的行业占有一席之地呢？

6.4.1　通过直播礼物加强互动

大多数直播都只是一种娱乐，在很多人看来就是在玩。但你必须要承认的是，只要主播能力强，玩得转，玩着玩着就能把钱给赚了。因为主播们可以通过直播获得粉丝的打赏，而打赏的这些虚拟礼物又可以直接兑换成钱。

图6-18为两个快手主播直播的相关画面，可以看到有一些快手用户送出了礼物，让整个直播间顿时活跃了起来，用户互动的积极性也得到了提高。

图6-18　快手主播直播画面

快手用户可以点击直播间的百宝箱，在"每日百宝箱"对话框中领取对应的快币，如图6-19所示。在快手用户领取快币之后，主播可以引导用户，让他们将快币兑换成猫粮送给主播，从而提高直播间的热度，如图6-20所示。

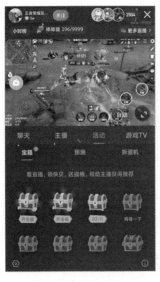

图6-19　领取快币

图6-20　快币兑换礼物送给主播

6.4.2　直播卖货吸引精准粉丝

快手直播中插入商品信息来卖货既可以变现，又可以吸引精准粉丝。一般来说，主播都会在直播间插入一些商品，通过直播卖货来引人注意。如果直播间插入了商品，下方都会出现■按钮，如图6-21所示。

图6-21　带货直播间显示购物车标志

主播会根据自身的定位和条件在直播间添加商品，比如定位在服装行业的快手账号添加的商品是服装商品。因此，该主播不仅能卖出大量的服装商品，还能吸引一大批喜爱服装的粉丝，如图6-22所示。

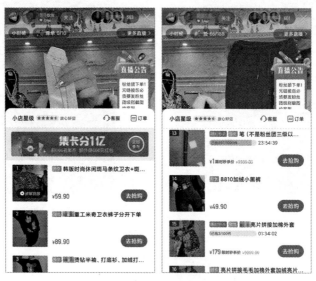

图6-22　某账号的服装商品

在直播卖货时，主播需要遵循一定的原则，具体如下。

① 热情主动。同样的商品，为什么有的主播卖不动，有的主播简单几句话就能获得大量订单？当然，这可能与主播自身的流量有一定的关系，但即便是流量差不多的主播，同样的商品销量也可能会出现较大的差距。这很可能与主播的态度有关系。

如果主播热情主动地与快手用户沟通，让用户觉得像朋友一样亲切，自然愿意为主播买单；反之，如果主播对用户爱答不理，让用户觉得自己被忽视了，则可能连直播都不太想看，也就更不用说去购买直播中的产品了。

② 保持一定的直播频率。俗话说得好："习惯成自然。"如果主播能够保持一定的直播的频率，那么忠实的快手用户便会养成定期观看的习惯。这样主播将获得越来越多的忠实粉丝，粉丝贡献的购买力自然也会变得越来越强。

③ 为用户谋利。每个人都会考虑自身的利益，快手用户也是如此。如果主播能够为用户谋利，那么用户就会支持你，为你贡献购买力。

例如，"口红一哥"曾经因为某品牌给他的产品价格不是最低，让粉丝买贵了，于是向粉丝道歉，并让粉丝退货。此后更主动停止了与该品牌的合作。虽然他此举使自己蒙受了一定的损失，但是却让粉丝们看到了他在为粉丝谋利。

因为此事，该主播的粉丝不减反升。

当然，为用户谋利并不是一味地损失主播自身的利益，而是在不过分损失自身利益的情况下，让用户以更加优惠的价格购买产品，让用户看到你也在为他们考虑。

此外，直播卖货不只是将产品挂上链接，并将产品展示给用户，而是通过一定的技巧，提高用户的购买欲望。那么，直播卖货有哪些技巧呢？主播们可以从以下3个方面进行考虑。

① 不要太贪心。主播不能太过贪心，把用户当作"韭菜"。

② 积极与用户互动。通过与用户的互动，一步步引导用户购买直播间的产品。

③ 亲身说法。对于自己销售的产品，主播最好在直播过程中将使用的过程展示给用户，并将使用过程中的良好感受也分享给他们。

6.4.3　短期内获取大量的流量

在互联网商业时代，流量是所有商业项目生存的根本，谁可以用最少的时间获得更高更有价值的流量，谁就有更大的变现机会。

真人出镜的要求会比较高，首先主播需要克服心理压力，表情要自然和谐，同时最好有较高的颜值或才艺基础。因此，真人出镜通常适合一些"大V"打造真人IP，积累一定粉丝数量后，就可以通过接广告、代言来实现IP变现。

对于普通人，在通过短视频或直播引流时，还可以采用"无人物出镜"的内容形式。这种方式的粉丝增长速度虽然比较慢，但我们可以通过账号矩阵的方式来弥补，以量取胜。下面就介绍"无人物出镜"的具体操作方法。

（1）真实场景+字幕说明

发布的直播内容可以通过真实场景演示与字幕说明相结合的形式，将自己的观点全面地表达出来，这种直播方式可以有效避免人物的出现，同时又能够将内容完全展示出来，非常地接地气，自然能够得到大家的关注。

（2）图片+字幕（配音）

主播可以将自己的直播过程录制下来，然后采用"图片+字幕（配音）"的形式重新剪辑，制作成短视频发布。

（3）图片演示+音频直播

通过"图片演示+音频直播"的形式，主播可以与用户实时互动交流。用户可以在上下班路上、休息间隙、睡前、地铁上、公交上以及上厕所时边玩App边听课程分享，节约宝贵时间，获得更好的体验。

（4）游戏场景+主播语音

大多数快手用户看游戏类直播，重点关注的可能是游戏画面。因此，这一类直播，直接呈现游戏画面即可。另外，一个主播之所以能够吸引快手用户观看直播，除了本身过人的操作之外，语言表达也非常关键。因此，"游戏场景+主播语音"就成为许多主播的重要直播形式。图6-23为两个采取"游戏场景+主播语音"形式的直播。

图6-23 "游戏场景+主播语音"的直播形式

第7章
社交直播引流，
实现批量化引流爆粉

本章主要介绍社交直播，分别讲述了直播社交化趋势的优势以及社交直播的衍生产业。随后深入分析了社交直播的注意事项、创新互动，QQ空间直播、千聊直播等内容，让用户更全面地了解社交直播的特点和引流手段。

直播+社交：激活用户的活跃度

社交类直播在直播行业中生命力强，发展稳定，有许许多多的社交平台推出了直播功能，例如微博的"一直播"、微信的NOW直播。"一直播"借助微博在直播行业中崛起，NOW直播在微信平台上也广受年轻人喜爱。无论是直播平台还是社交平台，两者都开始互相渗透。

社交是人们日常生活中所必需并且摆脱不了的行为，因为人类是群居动物，具有社会属性，所以社交在人们生活中是不可或缺的。社交直播的主要作用是给予用户陪伴，满足用户精神上的需求，其以直播的方式展开社交关系，打破了陌生人社交时不知所措的尴尬局面，在直播中提高了陌生人的社交效率。

7.1.1 社交化成直播平台的新转机

对于移动社交市场来说，最主要的用户是"90后""00后"群体，这两个年龄阶段的群体热衷于轻松愉快的社交模式，因此，各类型的泛娱乐社交App深受移动社交厂商的喜好。

陌陌平台推出的社交与直播结合的方式是行业中较早的，这样的业务调整及时改变了陌陌亏损的状态，促使其业绩增长。对于陌陌直播来说，社交化直播能有效提升用户的数量和用户黏性。

腾讯的NOW直播便是基于社交的因素推出的，腾讯的NOW直播是与其QQ、QQ空间相连接的，甚至可以在微信上观看。而QQ和微信具有大量的用户积累，是排列前几的社交平台，所以NOW直播具有强大的用户基础以及明显的流量优势，这让腾讯NOW直播连续几年获得了"年度十大直播平台"的奖项。

腾讯NOW直播具有以下3点优势，分别体现在用户、内容和分发平台方面，如图7-1所示。

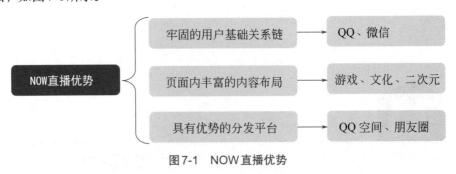

图7-1　NOW直播优势

这些优势的结合，既有利于NOW直播中直播内容的推广，也有利于NOW直播平台的发展。

7.1.2 社交直播衍生产业逐渐增多

各类App都开始呈现社交化的趋势，例如游戏社交化，像一些热门手游，如《王者荣耀》《绝地求生》《炉石传说》等，都具有社交化倾向，另外也有社交的游戏App推出直播功能，例如《玩吧》《我是迷》《百变大侦探》等。与此同时社交直播衍生的产业逐渐增多，例如电台、小游戏、连麦PK以及电影等。

这样的衍生形式让用户通过个人的兴趣找到兴趣爱好相同的朋友，正满足了"95后""00后"的新型社交需求，以下是各类衍生产业的具体分析。

（1）社交+直播+电台

玩吧App设置有语音房间，如图7-2所示。语音房间内具有电台模块，这些电台属于电台直播，用户在收听主播电台的同时，还可以与其他收听用户进行社交互动。例如用户可以根据电台直播内容发表个人见解，与共同收听的用户分享经验，进而达到相互陪伴的目的。电台直播的多人群聊，打破了双人一对一的紧张尴尬局面，让聊天变得更轻松，让社交变得更容易。

图7-2　玩吧App内的语音房间

（2）社交+直播+小游戏

社交、直播与小游戏三者结合，可以参考陌陌直播中的"心动狼人"功能，在这个功能内有两个模块，第一个是"来吧狼人"模块，第二个是"狼人交友"模块。在第一个模块内，用户可以点击"我开一局"按钮，进行游戏，也可以在下方点击进入其他用户已开启的房间加入游戏。第一个"来吧狼人"模块以游戏为主，第二个"狼人交友"模块（图7-3）则更倾向于社交。

以"狼人交友"模块为例，随意选择界面内的房间，点击进入，即可进入直播房间。图7-4为"狼人交友"主播房间界面，界面中部显示的是主播和嘉宾，界面最上方四个头像是正在发言的游戏玩家，想要参与发言的用户可以点击右下方的"申请上麦"按钮，参与语音并进行游戏。

图7-3 "狼人交友"模块

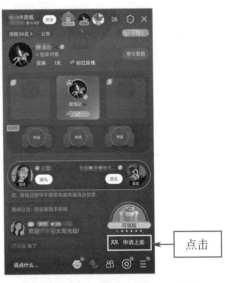

图7-4 "狼人交友"主播房间界面

（3）社交+直播+连麦PK

主播在直播的同时，可以与其他直播间进行连麦互动，主播双方进行PK。连麦对于主播来说能够很好地提高自身的曝光率，所以许多主播选择在直播间连麦PK。

图7-5为正在连麦PK的快手主播们。在连麦中，主播双方可以进行游戏互动，并设置相应的游戏惩罚，也可以进行聊天和才艺比拼。

图7-5 正在连麦PK的快手主播们

（4）社交+直播+电影

电影社交直播主要面对的群体为电影爱好者，在进行电影直播时，主播需要注意电影的版权问题，最新的影院电影是不允许在直播间进行个人直播的。一般来说，直播电影多以喜剧片为主。对于既想观看喜剧片，又想和网友互动的用户，这样的直播内容正好满足了他们的需求。图7-6为虎牙直播上的喜剧片直播。

图7-6　虎牙直播上的喜剧片直播

7.1.3　做社交直播需要注意的事项

在社交直播中，我们需要注意如何吸引粉丝，获得关注。粉丝的来源一般通过平台、个人社交媒体和其他自媒体3个渠道。在这3个渠道中，主播又需要注意哪些事项？在这一小节中笔者将针对这个问题进行解答。

（1）平台

平台内获取粉丝的方式有以下几种。

① 通过平台流量获取粉丝。

② 通过平台内的活动曝光获取粉丝。

③ 通过平台内相似主播推荐获取粉丝。

在进行社交直播之前，主播需要事先了解各个社交直播平台，分析选择最适合自己的平台。一个适合的平台可以决定主播的直播上限，同时对于主播来说，好的平台提供更为成熟的运行规则和产品，更有利于主播发展。需要注意的是，主播不要频繁地更换直播平台。以下是热门直播平台简单汇总，如图7-7所示。

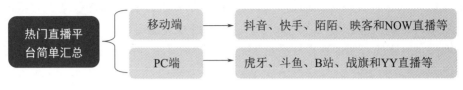

图7-7　热门直播平台简单汇总

（2）个人社交媒体

个人社交媒体是主播获取粉丝的第2个方式，在进行个人社交时，拥有一个识别度高的网名，能让用户记住你，以吸引更多的粉丝。在确定网名时，主播可以从以下几点出发，如图7-8所示。在此基础上，主播的网名还需要符合其他原则，比如读起来顺口、听起开悦耳和记起来轻松等。

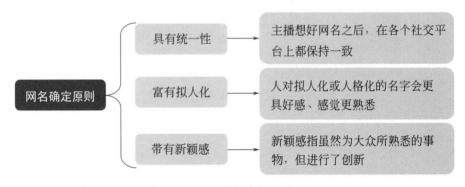

图7-8　网名确定规则

（3）其他自媒体

自媒体影响行业的发展，是行业内推广和传递信息的重要工具，同时也是外界熟悉行业信息的一种重要渠道。

以游戏直播为例，有一些专门收录当下热门游戏主播信息进行内容制作汇总的自媒体，例如B站的"起小点×××"用户，在他的投稿界面中，我们可以看到许多热门主播直播时的精彩合辑及主播们的一些趣事分享，如图7-9所示。

自媒体在进行信息输出的时候需要大量素材，作为一个主播，可以把握机会，利用直播采访进行个人推广，以获得粉丝资源和其他合作的资源。

图 7-9　游戏主播汇总

7.2 社交直播：用兴趣连接你我

社交直播平台旨在帮助人们结识更多有相同兴趣爱好的人，并借平台相互联系、交流和沟通。

7.2.1　产品框架多层次优化

首先，社交直播平台需要有一个产品框架布局。这个布局需要根据信息的优先级打造，因为在功能模块的划分上，要区分用户操作与信息的优先级。一般来说，社交直播平台主要包括以下4个功能模块。

① 基本功能操作。

② 轻量互动功能。

③ 主播信息显示。

④ 房间信息显示。

那么对于操作区域，主播又该如何根据用户的使用频次来划分优先级呢？笔者将其总结为3级，如图7-10所示。

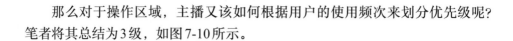

图7-10　根据用户使用频次区分优先级

只有对互动区域的布局进行多次调整优化，最终才能实现主播端与观众端在框架上的统一。

无论是什么社交平台，采用何种社交方式，框架布局永远都是第一位的，只有了解用户的需求，贴合需求去打造社交平台布局，主播才能吸引流量，收获人气。

7.2.2　设计打磨从整体到局部

对于社交直播的设计，除了整体布局之外，主播还要考虑到每个细小的环节。那么具体应该怎么做呢？

（1）树立全局观意识

这个全局观意识指的是对社交直播中一系列产品的综合考量，单独看一个产品是行不通的，因为设计的优劣是无法从单个产品身上看出来的。所以，主播要从全局的角度，整体权衡多个产品设计的风格及特色。

（2）保留与继承

既然要将产品结合起来看，那么在社交直播的设计过程中也要发扬"取其精华，去其糟粕，推陈出新，革故鼎新"的优良传统，要从中提炼出有创意的东西。

（3）细节打磨

在社交直播的设计中，细节的打磨是至关重要的。每一个细节的优化，都是对原有设计的超越。比如产品的易用性、信息展示的完整度以及优先级都要进一步地优化和升级。

设计社交平台，将几个产品结合在一起，不管是确定整体风格，还是打磨微小细节，主播都需要一定的耐心和毅力。特别是在细节的打磨上，只有经过深思熟虑才能达到更好的效果。

7.2.3　创新性的互动：表情和小视频

互动作为社交平台最大且最有特色的功能，主播应该如何将其打造得更加有新意，能够迅速吸引人呢？这是一个值得好好思考的问题。

多元化的互动方式会在直播中给用户和主播双方带来趣味性，使两者在其中都能获得娱乐享受。最常见的互动方式包括点赞、评论和送礼等，颇具新意的互动还有哪些呢？下面为大家介绍两种新鲜的互动形式。

（1）表情

用户可以通过带有表情性质的礼物来表达自己对主播的情感，这种互动方式操作成本较低且互动性强，有效实现了轻松互动和用户情绪的表达，如图7-11所示。

图7-11　NOW直播中带有表情性质的礼物

（2）小视频

小视频这种互动形式，相较于其他互动形式，更能活跃气氛，而且操作快速。最大的优势在于，它是一个三方互动的方式，包括"主播""其他观众""用户自己"。这种创新型的互动方式能让用户拥有更加优质的互动体验。

7.2.4 直播动画特效：玩转趣味互动

直播的动画特效种类繁多，让人目不暇接，比如动态表情、礼物动画和点赞动画等。这些动画特效为社交平台增添了不少趣味性和灵动性，同时也强化了用户的情感表达。

图7-12即为动态表情，用户可以在直播中利用这些形象生动的表情来表达自己的感受，与主播进行趣味互动。

图7-12　动态表情

直播中送礼是很常见的互动方式，礼物的设计要让用户觉得物有所值，这样才会使用户频繁用礼物来表达对主播的喜爱，敞开口袋进行消费。图7-13即为礼物动画。

图7-13　礼物动画

在某些直播平台，礼物动画的特效还因直播内容不同而有所区别，比如才艺类直播是玫瑰花和金话筒等礼物，美食类直播则是冰激凌、蛋糕和拉面等礼物。同时普通的"爱心"和高级的"拉面"之间还会体现出细节差异，以满足用户的心理需求。

此外，点赞动画则拥有更加多样化的形式，用户可以在点赞的过程中体验到点赞的别样乐趣，从此点赞也变成了一件有意思的事情。

直播动画特效的设计为构建多样化的互动模式奠定了稳固基础，同时也可以为主播吸粉引流助力。

7.2.5　QQ空间直播：个性十足的"博客"

QQ空间是腾讯开发的一款充满个性且具有与博客类似功能的社交平台，它与QQ相辅相成。QQ空间时刻紧跟互联网的潮流趋势，从文字、图片、表情、动画、小视频到直播，一直在进步。图7-14为手机QQ空间的个人主页，可以发现它已经具备了社交直播功能，主播只需要点击⊕按钮，即可看到QQ空间直播入口。

图7-14　手机QQ空间的个人主页

可以看出，QQ空间为了丰富社交形式，红包、视频、签到和直播等功能应有尽有，可谓是用心良苦。图7-15为QQ空间的手机直播界面。已经注册了QQ账号的主播可以直接登录QQ空间，再对直播内容进行命名，就可以开始直播了。

125

图 7-15　QQ 空间的手机直播界面

7.2.6　千聊：基于微信的知识社区

千聊是基于微信的一款知识交互社区，主要是用来分享专业知识和经验的社交平台。这个社交直播平台功能齐全，主要包括以下几个方面，如图 7-16 所示。

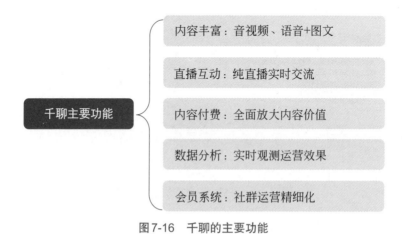

图 7-16　千聊的主要功能

千聊作为专业的知识分享社交平台，主要以直播的形式向用户传递信息。其内容覆盖面十分广泛，有母婴、亲子、健康、医学、养生、情感、家庭、职场、财经、升学和人力资源等多个类目。图7-17为千聊的获客和营销闭环方案。

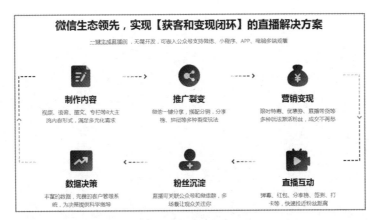

图7-17 千聊的获客和营销闭环方案

千聊虽然起步不久，且与知乎、分答和得到等知识分享领域的巨头还有一定的差距，但相信千聊能凭借自身强大的功能和当下碎片化学习的潮流，逐步成为一个全民皆知的知识分享社交平台。

直播推广篇

第8章

直播推广技巧，
实现线上线下的引流

直播推广想要获得成功，主播应该有一个周密的策划流程。如果只是敷衍了事，很难获得用户的关注和追捧。本章将向大家介绍直播推广的优势、选主题和找渠道，旨在帮助主播们掌握直播推广的技巧，实现线上线下的引流。

8.1

直播推广：集合多平台优势

随着互联网营销的不断发展，各种各样辅助营销的工具、软件以及平台应运而生。将直播推广出去，也是直播运营不可或缺的一环。就算主播介绍得再好，内容再优质，如果没有恰当的推广，营销效果是无法达到理想状态的。本节将向大家介绍在直播中推广的方法和诀窍。

8.1.1　利用社交网络自由推广

如在微博平台上，运营者只需要用短短的几行字就能表达自己的看法，这样便捷、快速的信息分享方式使得大多数企业、商家和直播平台开始抢占微博营销平台，利用微博的"微营销"开启网络营销市场的新天地。

微博引流主要有两种方式，一是在展示位展示相关信息，二是在微博内容中提及直播。其中最为常见的就是在微博内容中提及直播或者相关产品，增强宣传力度和知名度。例如，各大直播平台都开通了自己的微博账号，而主播也可以在自己的微博里分享自己的直播链接，吸引更多粉丝。

微信与微博不同，微博是广布式，而微信是投递式的营销方式，推广效果更加精准。因此，粉丝对微信公众号来说是尤为重要的。

尤其是微信的朋友圈，运营者可以利用朋友圈的强大社交性为自己的直播做推广。因为与陌生人相比，微信好友的转化率较高。例如可以将直播链接分享到朋友圈，如图8-1所示，好友只需要点击链接就可以直接观看直播，如图8-2所示。

图8-1 朋友圈推广直播

图8-2 点击观看直播

这种推广方法对于刚入门的主播更为适用，因为熟人会更愿意帮助推广，逐渐扩大影响力，这样才能吸引新用户的注意，获得更多流量。

8.1.2 建立品牌口碑专业推广

本身口碑较好或者规模较大的主播，在推广直播时可以利用自身的口碑来进行推广。下面介绍两种最典型也最有效的方式。

131

（1）自有平台和自媒体推广

主播一般都会拥有自己的平台，因此，在做直播营销时可以利用自有平台来推广自己的品牌。比如某手机品牌会在自己的官方网站推送直播消息，京东会在京东商城推送京东直播的消息等。

某手机品牌利用官网进行直播推广能获得更大的浏览量，用户可以通过官网第一时间了解该手机品牌的直播动态。首先是官网推广，接下来才是微博和微信公众号等第三方平台的推广。总而言之，主播利用自有平台推广直播，更能激发粉丝的活跃度，培养粉丝的忠诚度。

此外，自媒体推广也是利用口碑推广的一种绝佳方法。例如某手机品牌的很多直播都是公司创始人主持的，这样能吸引更多的用户。因为创始人能以自身的魅力获得用户的青睐，所以他们往往是推广直播的最佳人选。他们可以利用自身强大的影响力，在微信朋友圈、微博中推广直播，效果更加明显。

大主播可以凭借自身的品牌影响力做直播推广，无论是主播的自有平台，还是其他平台都可以进行，这就是大主播的优势所在。当然，如果小主播想要利用这种方式进行推广，可以主动申请创建自有平台。

（2）利用展览、会议提升热度

品牌主播可以通过举办展览和开会等方式进行直播推广，因为这些活动通常会吸引众多媒体的参与，进而提升主播的品牌影响力。在此过程中为了宣传主播的品牌，可以加入直播，从而达到推广直播的目的。具体应该怎么做呢？笔者总结为3点，即发传单、PPT展示、宣传册或纪念品。总之，利用口碑和品牌进行推广是一种方便又高效的推广方式，只要运用恰当就会取得良好的成效。

8.1.3　论坛推广的内容很丰富

论坛是为用户提供发帖、回帖的平台，它属于互联网上的一种电子信息服务系统。在传统的互联网营销中，论坛社区是较为重要的推广宣传平台。一般情况下，早期的目标用户都是从论坛社区中找到的，再通过发掘和转化，提高用户的转化率，逐步打造品牌。

在论坛中进行直播推广，最重要的是找准热门论坛，然后投放直播信息。比如搜狐社区、天涯社区、新浪论坛、百度贴吧和博客等都是当下热门的论坛代表。在这里投放直播信息的步骤为：首先，收录相关论坛；其次，在收集的论坛里注册账号；然后，撰写多篇包括直播推广内容的软文，保存好；最后，每天在这些热门论坛有选择性地发帖，做好相关记录，如果帖子沉了，及时顶上。

值得注意的是，如果主播想让用户关注帖子内容，并注意到所推广的直播信息，就要多在论坛中与其他用户互动。在互动之后论坛中关于直播的内容就会渐渐走入用户的视野，直播也就得到了推广。

8.1.4 提取关键词的软文推广

软文推广主要是针对一些拥有较高文化水平和欣赏能力的用户，对这些用户而言，文字所承载的深刻文化内涵是很重要的。因此软文推广对各个行业的营销都很实用。

许多品牌都是巧妙地通过软文推广获得了如今的口碑，有效提升了品牌的影响力，创下了惊人的销售业绩。这都是因为他们掌握了一定的软文推广技巧。那么，在软文直播推广中，主播应该怎么做呢？下面将介绍两种软文直播推广的技巧。

（1）原创软文＋关键词

原创性是创造任何内容都需要的，软文直播推广更是少不了原创，原创更能吸引用户的兴趣。在直播营销推广中，关键词的选取是软文写作的核心。主播如何选取关键词也有相关的标准，如实用价值、略带争议和独特见解等。

（2）热门网站＋总结经验

当主播有了优秀的软文推广内容，接下来就该找准平台发布软文推广直播信息，像一些人气高的网站往往就是软文发布的好去处，发布之后还可在网站上与他人交换经验。

目前网上已经有了一些专业的软文发布平台，另外还可以将软文发布在博客、论坛等平台，效果也不错。当然，在网站上发布软文直播推广也有不少注意事项，笔者总结为3点，如图8-3所示。

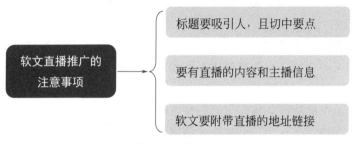

图8-3 软文直播推广的注意事项

不要以为发完直播推广软文就万事大吉了，发完之后总结经验也是相当重要的。比如用户喜欢哪一类软文，为什么有的软文没有达到预期效果，软文发布到哪个平台反响相对好一些等。主播在平时的工作中多多总结并积累经验，能够使软文推广效果越来越好。

8.1.5　跨越平台进行联盟推广

对于直播运营来说，没有用户就没有影响力，因此，吸引用户、提高人气是直播运营的生存之本。在进行直播内容传播时，主播切不可只依赖单一的平台，互联网讲究的是"泛娱乐"战略，主播可以围绕内容定位，将内容向游戏、文学、音乐和影视等互联网产业延伸。

在"泛娱乐"战略下，主播可以将自己创作的优质内容实现跨新媒体平台和行业领域的传播，使内容延伸到更加广泛的领域，吸引更多的粉丝来关注。此外，主播可以借助各种新媒体平台，让内容与粉丝真正建立联系。同时，这些新媒体具有的互动性和不受时间、空间限制的特点，能让直播推广取得更好的效果。

8.1.6　通过借势造势扩大影响

借势推广是抓住热点的一种推广方法，直播想要获得更多的浏览量，就需要借助热点事件的影响力。此外，"借势+手机通知栏推广"模式也是一种较好的直播推广方法，值得各大主播借鉴和应用。

除了借势推广，造势推广也是主播需要学会的推广技巧，造势的意思就是如果没有热点事件可以借势，就自己创造出热点事件，引起用户注意。造势推广需要一个过程，首先在直播开始前就应该营造气氛，让用户知道这件事情，以便直播开始时有一定量的用户关注；其次是主题的确定，主播应该根据产品的特色来设计直播主题；最后是通过发布消息来吸引用户，使用户心甘情愿地为直播买单。

直播造势推广的方法多种多样，最典型的就是众多大主播常用的利用自身品牌和代言人等造势。因为这些因素本身就是一种"势"，在直播开始前，只要主播有意营造氛围，自然会夺人眼球。

例如，某主播选择利用淘宝直播平台吸引用户的关注，在直播没开始之前，淘宝就开始为该主播宣传，造势推广的效果很不错。图8-4所示为淘宝造势直播推广案例。

图8-4　淘宝造势直播推广案例

不管是借势推广，还是造势推广，主播都要付出一定的心血，只有细心经营才能助力直播，使其变得火热起来，从而达到直播推广的目的。

直播主题：以用户为主进行推广

俗话说："好的开头是成功的一半。"做好直播推广的第一步，就是选好直播的主题。如何确立直播主题，并以此吸引用户观看直播，这是直播营销中极为关键的一个步骤。

本节将向大家介绍几种确立直播主题的方法，如注意直播目的、迎合用户口味、抓住时代热点和打造噱头话题等。

8.2.1　注意直播目的

首先，如果账号是企业账号，那么企业要明确直播的目的，是想要营销卖货，还是要提升知名度？如果企业只是想提高销售量，可以将直播主题指向卖货方向，吸引用户购买；如果企业的目的是通过直播提升企业知名度和品牌影响力，直播的主题就要策划得宽泛一些，要具有深远的意义。

在笔者看来，直播的目的大致有3个，分别是短期营销、持久性营销和提升知名度。

下面重点介绍持久性营销的直播主题策划。对于持久性营销而言，直播的目的在于通过直播平台推广，获得比较稳定的用户。因此，主播在策划直播的主题时，应该从自身产品的特点出发，突出产品优势，或者直接在直播中教授用户一些实用的知识技巧。这样一来，用户就会对主播产生好感，并主动成为主播的"铁杆粉丝"。

譬如，某些主播在直播间里卖包包，直播标题非常有诱惑力——"如何选择适合自己的包包？"这个标题能很好地抓住女性用户的爱美心理，使她们与主播的直播内容产生共鸣。

许多用户在观看完直播后能产生一种获得感，促使他们对下次直播的内容充满期待。这就是持久性营销的直播目的，它可以实现长久性销售，也可以让直播得到更广泛而深刻的推广。

8.2.2　迎合用户口味

在服务行业有一句经典的话叫"每一位顾客都是上帝"，在直播行业用户同样也是上帝，因为他们的热情直接决定了直播的热度。一般来说，没有人气的直播是无法经营维持下去的。因此，直播主题的策划应以用户为主，从用户角度出发。从用户的角度切入可以从以下3个方面入手，如图8-5所示。

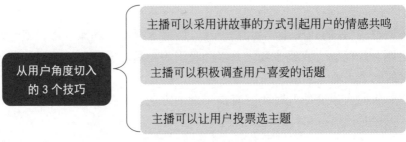

图8-5　如何从用户角度切入

从用户角度切入，最重要的是主播要了解用户究竟喜欢什么，他们对什么类型的直播内容感兴趣。那些"大V"直播为什么如此火热？用户为什么会去看？原因就在于那些直播迎合了用户的口味。

现在关于潮流和美妆的直播比较受欢迎，因为平台用户大多都是年轻群体，他们对时尚有自己独特的追求。比如"清新夏日的甜美时尚减龄搭""小短腿的逆袭之路""微胖女孩儿的搭配小技巧"等主题都是用户所喜爱的。关于美妆的直播也更是受到广大女性用户的热烈追捧。

例如淘宝直播有一个名叫"×××微胖定制"的主播，专门直播微胖女生的穿搭技巧。在直播中，主播亲自试穿不同的服装，利用服装搭配的技巧来掩盖身材的缺点，如图8-6所示。如果用户觉得主播试穿的衣服也适合自己，就可以点击相关链接直接购买，如图8-7所示。

图8-6 关于时尚穿搭的直播

图8-7 时尚穿搭直播边看边买

美妆的直播也是如此。除此之外，各种新鲜热点、猎奇心理等主题也能勾起用户的兴趣，达到推广直播的目的。

8.2.3 抓住时代热点

在互联网发展得无比迅速的时代，热点就代表了流量。因此，主播及时抓住时代热点是做直播推广的重要手段。在这一方面，主播要做的就是抢占先机和迅速出击。

打个简单比方，如果一个服装设计师想要设计出一款引领潮流的服饰，那他就要对时尚热点有敏锐的洞察力。确立直播主题也是如此，主播一定要时刻注意市场热点趋势的变化。

当然，主播抓住热点是极其关键的，抓住热点是进行直播宣传的基础，但仅仅抓住热点还远远不够，最重要的是主播如何利用热点快速出击。这是一个比较周密的过程，笔者将其总结为3个阶段，如下所示。

① 宣传阶段：从切入角度和发布渠道着手。

② 策划阶段：从文案撰写和海报布局着手。

③ 实施阶段：抓住时间点，主动出击。

总之，主播既要抓住热点，又要抓住时间点，同时抓住用户心理，这样才能做出一个容易推广的直播主题。

8.2.4 打造噱头话题

主播制造一个好的话题，也是进行直播推广的法宝。当然，主播制造话题也是需要技巧的，比如利用噱头来打造话题会吸引更多用户的注意。噱头，即看点和卖点。主播巧用噱头打造话题，可以令用户为之兴奋。利用噱头来打造话题，主要有三种方法，如图8-8所示。

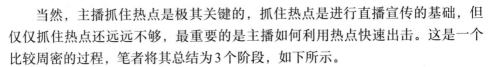

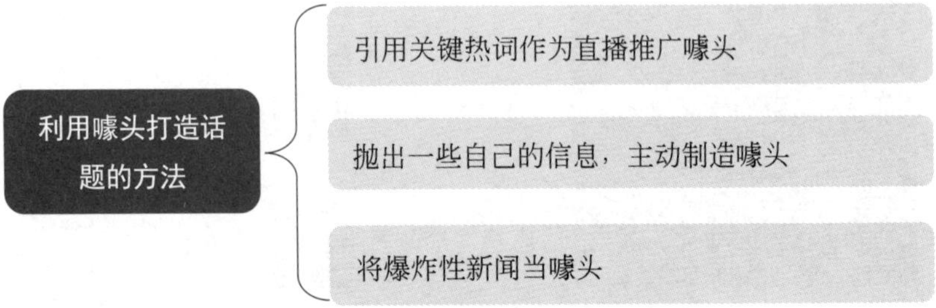

图8-8 利用噱头打造话题的方法

在策划直播主题时，企业要学会利用热点词做噱头，吸引用户的注意。例如，网络上一篇题为《26岁，月薪一万，吃不起车厘子》的文章引发热议，其中一句"有些人表面上光鲜亮丽，背地里却连车厘子都吃不起"引起广泛传播，一时间红遍网络，无论是企业还是个人，都纷纷引用"车厘子自由"来衡量自己的生活状态。其中，微博平台的"车厘子自由"的话题吸引了4.3亿人阅读，如图8-9所示。某些主播在直播中也借助这个"××自由"句式，吸引用户的眼球。

图8-9 微博"车厘子自由"话题

由此可见，打造噱头话题时借鉴热点词确实是一个相当实用的技巧，可以在成功引起用户情感共鸣的同时，获得人气和收益。

直播渠道：进行全方位推广

在推广直播时，主播找准传播渠道是极为重要的。随着直播的不断深入发展，直播已经远远不再是单纯作秀，而渐渐成了真正的营销方式。因此，想要将主播自己或产品成功地推销出去，找准传播渠道是一个必不可少的环节。

8.3.1 发布会 + 直播

"发布会 + 直播"模式的重点在于多平台同步直播，因为发布会只有多平台同步直播才能吸引更多的用户关注。打个简单的比方，央视的春节联欢晚会如果没有各大卫视的转播，其知名度和曝光率可能不会那么高。

产品的多渠道展现可以为喜欢不同平台的用户提供讨论的专属空间，让他们能在自己已经熟悉的互动氛围中进行自由地交流讨论。

例如，某厂商的手机新品发布会就格外惹人注目，此次不同于以往，过去只能在官网的娱乐直播上观看，这次是在各大直播平台都能观看，比如人气超高的虎牙直播、斗鱼直播和抖音直播等，如图8-10所示。

图8-10　与某厂商合作的各大直播平台（部分）

该厂商的手机新品发布会在各大平台直播所引起的讨论风格也是各不相同，因为各直播平台的用户年龄分布有区别，因此各自的观点也有差异。

这种"发布会＋直播"的模式之所以能获得令人意想不到的效果，原因在于3个方面。一是直播之前，发布会官方的媒体就会对此消息进行预热和大力宣传，制造系列悬念吸引用户眼球；二是此种模式比较新颖，将传统的商业发布会与直播结合起来，抓住了用户的好奇心理；三是给用户提供了互动的渠道，对产品的不断改进和完善更加有利。

该厂商的手机新品发布会直播运用多平台同步直播的方式，取得了巨大的成功，此种模式为其带来了更多流量和用户，值得主播们借鉴。当然，这也要根据主播风格和产品的性质决定。

8.3.2 作秀＋直播

"作秀"这个词语可以分两个层面来解释：一个意思是单纯耍宝；还有一个意思是巧妙地加入表演的成分。

很多主播和商家为了避免作秀的嫌疑，可能会一本正经地直播，这样的直播往往没什么人看。而有的主播会利用"作秀＋直播"的模式来取得销售佳绩，当然，想要打造好这种模式也是需要技巧的。

最重要的是在直播中除去营销味。想要利用"作秀＋直播"的模式获得人气，就需要结合产品发挥出自己的特色，同时又不能把重点倾斜于作秀，因此把握这个"度"是核心。

主播直播时，不能一上来就讲产品，这样显得太过乏味，应该找些用户感兴趣的话题，然后慢慢引到产品上来。更不能全程都在讲产品，这样用户会失去继续看直播的动力。最好的办法就是做出有自己特色的直播。

在直播中加入具有特色的桥段，让用户感觉主播的直播很有新意，就像表演一样给人带来享受，直到直播结束了，用户仍回味无穷，希望这场"秀"还能继续上演。可见"作秀＋直播"模式只要把握住用户的心理还是很容易获得成功的。

8.3.3 颜值＋直播

都说当今的直播营销对主播的要求比较低，但其实想要成为一个名气高的主播，门槛还是很高的。比如，那些人气高、频繁登上平台热榜的主播，实际上都是依靠背后的经纪公司或者团队的运作，同时不可否认的是，他们也有很高的颜值。

爱美是人之常情，人人都喜欢欣赏美好的事物，所以颜值成为直播推广的因素之一也不难理解。但需要注意的是，颜值并不是唯一，光有颜值是不够的，要把颜值和情商、智商相结合，这样才能实现"颜值+直播"的最佳效果。

如何塑造一个有高颜值的主播呢？笔者总结为3点。

① 邀请颜值较高的网红或明星做主播。

② 主播的服装、妆容造型要靓丽。

③ 主播的行为也要配得上其颜值。

在直播中，主播的表现与产品的销售业绩是分不开的，用户乐意看到颜值高、情商高的主播，这也是颜值越高，主播人气就越高的原因所在。从2020年开始，一众明星纷纷开始直播带货，今年大热的"小鲜肉"明星带货能力非常强，粉丝愿意为偶像买单，如图8-11所示。

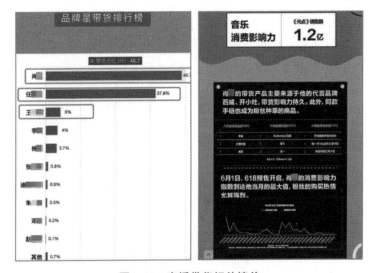

图8-11 直播带货相关榜单

当然，"颜值+直播"模式的推广和营销效果固然十分出色，但也要注意主播个人素质的培养，只有高情商、高智商和高颜值的结合，才能产生好的直播推广和营销效果。

8.3.4 IP+直播

直播营销和IP营销是互联网营销中比较火的两种模式，很多娱乐主播、著名品牌都采用了这两种营销模式，那么可不可以将二者结合起来呢？"IP+直播"

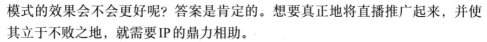

模式的效果会不会更好呢？答案是肯定的。想要真正地将直播推广起来，并使其立于不败之地，就需要IP的鼎力相助。

当然，IP也分为很多种，比如一些名人明星本身就是一个IP，那些经久不衰的名著也是IP，一本经典的人气漫画也是IP。

"IP+直播"模式的核心是如何利用IP进行直播营销。主播如果想要吸引用户和流量，就应该利用名人效应。传统的营销模式同样也会邀请名人代言，不过那种方法比较硬性，无法勾起用户自然而然购物的欲望。

随着时代的前进、科技的发展和人们购物心理的变化，传统的营销方式不再适用。各种推广手段和推广工具源源不断地产生，名人IP也成为直播营销中不可或缺的宝贵资源。各大主播应该学着借助IP来进行直播营销，利用名人IP的效应，吸引用户观看直播，从而实现直播推广。

第9章
直播营销技巧，
让陌生人成为新粉丝

> 直播具有即时性、互动性和面对面的特点，对企业积累人气、推广品牌等有很大作用，因此，主播了解直播营销的知识技巧相当重要。
>
> 本章将为大家介绍直播营销相关的内容，帮助主播提高营销能力，获得更多粉丝关注。

营销本质：注重人与人的互动

"千播大战"中的直播行业竞争激烈，相统一的规模架构使得直播行业不得不逐渐回归初心，并向垂直领域发展，提供纵深服务。

从营销本质上看，关注点又回到了人与人的互动上，具体表现在两个方面：细化的用户标签和利用"用户即时消费心理"销售产品。

9.1.1 细化用户标签，以差异化内容引流

细化用户标签，主要体现在对用户进行分层上，例如对用户进行分级。图9-1为用户分层的方式。

图9-1 用户分层的方式

直播平台可以根据用户直播观看经验值设置用户的经验等级，依照经验等级可以设置不同等级的权限。图9-2为B站会员不同等级的权限介绍。

特权与等级	Lv0	Lv1	Lv2	Lv3	Lv4	Lv5	Lv6
滚动弹幕	×	√	√	√	√	√	√
彩色弹幕	×	×	√	√	√	√	√
高级弹幕	×	×	√	√	√	√	√
顶部弹幕	×	×	×	√	√	√	√
底部弹幕	×	×	×	√	√	√	√
视频评论	×	×	√	√	√	√	√
视频投稿	×	√	√	√	√	√	√
购买邀请码	×	×	×	×	×	1个/月	2个/月

图9-2 B站会员不同等级的权限介绍

以B站为例，刚注册成功时，用户是不可以发送弹幕的，需要通过答题测试，通过后可成为Lv1，但只能发送滚动弹幕。图9-3为B站前三个会员等级详情说明。当然，直播平台也会设置相应的提升经验值的方式。图9-4为B站经验值的增长方式。

根据用户与主播互动的亲密值，平台也会设置相应的等级，如根据用户对主播的打赏数值进行守护等级设置。图9-5为虎牙平台主播守护等级说明。

图9-3　B站前三个会员等级详情说明

图9-4　B站经验值增长方式

守护等级与特权	守护等级 V0	守护等级 V1-V11	守护等级 V12-V519	守护等级 V520+
尊贵专属查亮席	✓	✓	✓	✓
守护者专属图标	🛡	🛡	🛡	🛡
每日进入直播间领取银豆	✗	5000 银豆	10000 银豆	10000 银豆

1）若守护到期前没有续费，则直接失去守护身份，再次开通守护将按首次开通计算；
2）守护等级只会增加，不会降低，若守护到期前进行续费，则看剩余的守护时长，如果续费后剩余守护时长小于当前守护等级，则显示当前等级，如果续费后剩余守护时长大于当前守护等级则显示续费后的等级。

图9-5　虎牙平台主播守护等级说明

用户还可以通过会员充值享受不同的观看特权，例如B站可以充值大会员，成为B站大会员后可享有四个特权。图9-6为B站大会员的内容特权和装扮特权。

图9-6　B站大会员的内容特权和装扮特权

平台依照不同规则对用户进行细化分类，用户也可以根据自己的不同需求，选择自己的权限，这样细化的用户标签，有利于用户运营以及打造差异化的内容，同时也可以帮助主播增加用户黏性，满足不同用户群体的不同需求，针对不同用户进行个性化推荐。

9.1.2 利用"用户即时消费心理"销售产品

无论是短视频还是直播，用户都是通过观看具体内容直接下单的，这样便捷的购买方式正是利用了"用户即时消费心理"进行销售的。

除此之外，"用户即时消费心理"还体现在限时、秒杀价这些标签的直播中，主播可以利用限量的方案和限时的优惠价格，吸引用户消费。

（1）限量商品直播

限量商品直播可以是独家款，例如高端定制品牌的服饰，还可以是限量优惠的产品，也可以是在资源少的情况下进行制作的服装，商家口中的"最后几件特卖清仓"就属于限量特惠。

（2）限时商品直播

限时商品和限量可以是相交融的，但也可以是在直播间限时优惠，直播结束后恢复原价，这也是限时商品直播。总而言之，无论是限量还是限时，都会促使用户即时消费。举一个简单的例子，在淘宝双十一直播时，可以看到某些主播会在直播间里推出限时优惠券，如图9-7所示。

图9-7　直播间里推出的限时优惠券

9.2 提高竞争力：成为产品推广女王

在直播营销中，主播的作用和影响是关键的，例如在服装直播中，颜值较高的主播会具有较强的竞争力，年轻的时尚女性是服装购买的主力军。美的事物，更易吸引用户的点击，这一点在蘑菇街平台挑选颜值较高的女性作为主播上有所表现。

除此之外，具有竞争力的直播并不仅仅依靠主播的颜值，还与销售重点的转变、直播关系的转变、直播技术的提升有关。

9.2.1 从"货品"营销转向"内容"营销

在直播中，将原本的重点"货品"营销转变为"内容"营销，直播的"内容"主要可以分为直播间标题诱惑力和主播直播的能力两种，下面笔者将进行详细解读。

图9-8 直播标题案例1

（1）直播间标题诱惑力

图9-8为淘宝的电商直播案例，其标题为"主播C位赛犀利福利"，主要利用了"C位"标签，与时下最热门的综艺节目热点相关联，吸引用户的观看和点击。图9-9也是淘宝的直播案例，直播名称直接利用综艺选秀的名称，标题为"青春有你元气少女"。这些直播标题都与时下热点相关联，借助热点的热度，吸引用户。

（2）主播直播的能力

主播在直播销售中可以进行"内容"的添加。例如在销售的同时让用户获得额外的收获，就像在

图9-9 直播标题案例2

美妆品牌的直播销售中，主播利用产品给用户试妆，进行演示，让用户在购买的同时，学习化妆的技巧；还有汉服的店家也会进行发型以及妆容示范，如图9-10所示。

图9-10　妆容示范和发型示范

除此之外，具备良好的专业素养也是优质主播的特性，例如在直播中能迅速找到直播产品的特性，并且进行针对性销售，推动直播产品销售量的提升。电商直播中，与用户沟通的很可能只是主播而不是店家。因此，主播在直播中具有重要作用，这也导致了商家在直播合作中，更倾向于与头部主播合作。

9.2.2　关系：聚焦于"从人到人"的社交圈

新型电商直播，主要是"从人到人"的社交关系，可以从两个方面进行理解。

①由用户将使用感受推广分享到朋友圈。例如拼多多直播的小红包，就是利用用户的朋友圈进行传播，用户通过分享，获得小红包，进而增加更多的App使用者。

②其次，也可以体现在主播与用户之间的关系上。主播在直播过程中，会获得人气以及粉丝，主播可以通过粉丝的经营，获得更多的粉丝，而且主播与粉丝之间的关系也是"从人到人"的社交圈。

直播中的互动也是人际交往的一种，所以直播的重点是人，而不是商品，销售的是服务，经营的也是人，整个营销的重点是如何获得用户的信任、提高复购率以及提升品牌影响力，促进产品价值变现。

9.2.3　聚焦：形成以粉丝利益为核心的观念

主播或者店家获得粉丝后，整个销售过程都是以粉丝利益为核心的。下面主要从明星同款和明星互动两方面进行说明。

（1）明星同款

在电商直播中，店家会邀请明星参与直播，在这个直播中，粉丝可以通过购买产品与明星使用同款，这个过程可以让粉丝在使用产品上与明星之间的距离更近。当然，也有许多主播会邀请一些明星共同直播，如图9-11所示。

图9-11　邀请明星共同直播

（2）明星互动

直播最关键的是还可以与主播进行互动，一些明星进行直播时，粉丝可以与明星进行交流，增强明星与粉丝之间的亲密度。因此在明星的直播间内，不光可以满足粉丝与明星使用同款的需求，还可以让粉丝与明星之间进行沟通。

9.2.4　升级：利用VR、云技术等增强用户的体验

VR、云技术等高科技技术可以提升用户的直播体验。例如电商直播可以利用高科技，让用户在直播中进行云试衣或者体验妆效，这样可以让用户在线上使用，提升用户的购买体验。

9.3

直播营销：快速吸粉引流有秘诀

直播营销不仅能为主播带来成交量和利益，它还能实现流量增长，使得直播营销形成一个闭环。本节笔者将为大家介绍直播中的营销引流、营销优势和营销误区。

9.3.1 营销引流：提供优质内容

利用直播进行营销，内容往往是最值得注意的。只有提供优质内容，才能吸引用户和流量。因此必须结合多个方面综合考虑，为创造优质内容打下良好基础。接下来将从内容包装、互动参与、情景诱导、突出卖点、口碑营销、事件营销和创意营销等多个方面讲述如何提供优质内容。

（1）内容包装

对于直播的内容营销来说，它终归还是要通过盈利来实现自己的价值。因此，内容的电商化非常重要，否则难以持久。要实现内容电商化，首先要学会包装内容，给内容带来更多的额外曝光机会。

例如，专注于摄影构图的主播就发布过一篇这样的预告文章——"《流浪地球》人像构图，教你如何拍出高票房！"通过将内容与影视明星某些特点相结合，然后凭借明星的关注度，来吸引消费者的眼球，这是直播内容营销惯用的手法。

（2）互动参与

内容互动性是联系用户和直播的关键，直播推送内容或者举办活动，最终的目的都是为了和用户交流。

直播内容的寻找和筛选对用户和用户的互动起着重要的作用，内容体现价值，才能引来更多粉丝的关注和热爱。而且，内容的质量不是靠粉丝数的多少来判断，和粉丝的互动情况才是最为关键的判断点。

（3）情景诱导

直播内容只有真正打动用户的内心，才能吸引他们长久关注。也只有那些能够承载用户情感的内容才是成功的。在这个基础上加上电商元素，就有可能引发更大更火热的抢购风潮。

直播内容并不只是用文字等形式堆砌起来就完事了，而是需要用平平淡淡的内容拼凑成一篇带有画面的故事，让用户能边看边想象出一个与生活息息相关的场景，才能更好地勾起用户继续阅读的兴趣。简单点说，就是把产品的功能用内容体现出来，不是告诉用户这是一个什么，而是要告诉用户这个东西是用来干什么的。

（4）突出卖点

当下是一个自媒体内容盛行的时代，是一个内容创作必须具有互联网思维的时代，也是一个碎片阅读的时代，更是一个要爱就要大声说、要卖就要大声卖的年代。

尤其是做直播内容电商，如果没有在适时情景下表达卖点，连怎么卖、哪里卖的问题都没有解决，可以断定这样的直播内容注定无法吸引用户的关注。

此外，内容电商不是简单的美文，也不是纯粹的小说，更不是论坛上无所谓的八卦新闻，它的作用就是达成销售。所以，如何激发用户的购买冲动，才是直播内容创作唯一的出路。

（5）口碑营销

口碑营销，顾名思义，就是一种基于企业品牌、产品信息在目标群体中建立口碑，从而形成"辐射状"扩散的营销方式。在互联网时代，口碑营销更多的是指企业品牌、产品在网络上或移动互联网上的口碑营销。

口碑自古乃是"口口相传"，它的重要性不言而喻，就如某国产手机，其超高的性价比造就了高层次的口碑形象，它利用直播和口碑让企业品牌在人群中快速传播开来。

（6）快速分发

在计算机和生物界，"病毒"都是一种极具传播性的东西，还具有隐蔽性、感染性、潜伏性、可激发性、表现性或破坏性等特征。在直播营销中，"病毒式"营销的确是一个好的方式，它可以让企业的产品或品牌在不经意中通过内容大范围传播到广泛的人群中，并形成"裂变式""爆炸式"或"病毒式"的传播状况。

例如，"你比想象中更美丽"是由某著名女性品牌发布的一部视频短片。据悉，该视频推出不到一个月，就收获了1.14亿的播放量和380万次转发分享，同时该品牌账号还因此获得了1.5万个YouTube订阅用户。

该品牌在全球范围内做相关的调查，得出一个惊人的结论：54%的女性对自己的容貌不满意。因此，在"你比想象中更美丽"视频中，塑造了一个FBI

人像预测素描专家——Gil Zamora这么一个人物。他可以在不看对方容貌的情况下，只通过女性自己的口头描述描绘出她们的素描画像。然后，Gil Zamora再通过其他人对同一位女性的印象再画一张画像。通过将这两张画像对比，Gil Zamora发现同一个女性人物在其他人眼中要远远比在自己眼中更漂亮。

动人心弦的视频内容，再加上"病毒式"营销手段，通过将视频翻译成25种不同的语言，通过YouTube下面的33个官方频道同步播放，内容很快扩散到全球110多个国家，该品牌获得了巨大的成功。

（7）事件营销

直播中采用事件营销就是通过对具有新闻价值的事件进行操作和加工，继而让这一事件带有宣传特色，并以此模式继续传播，从而达到广告的效果。

事件营销能够有效地提高企业或产品的知名度、美誉度等，优质的内容甚至能够直接让企业树立起良好的品牌形象，从而进一步地促成产品或服务的销售。

（8）创意营销

创意不但是直播营销发展的一个重要元素，同时也是必不可少的"营养剂"。互联网创业者或企业如果想通过直播来打造品牌知名度，就需要懂得"创意是王道"的重要性，在注重内容的质量基础上更要发挥创意。

一个拥有优秀创意的内容能够帮助企业吸引更多的用户，创意可以表现在很多方面，新鲜有趣只是其中的一种，还可以是贴近生活、关注社会热点话题、引发思考、蕴含生活哲理、包含科技知识和关注人文情怀的。

对于直播营销来说，如果内容缺乏创意，那么整个内容只会成为广告的附庸品，沦为庸俗的产品，因此企业在进行内容策划时，一定要注重创意性。

（9）用户参与

让用户参与内容生产不仅仅局限在用户与主播的互动中，更重要的是用户真正地参与到企业举办的直播活动中来。当然，这是一个需要周密计划的过程，好的主播和优质的策划都很重要。

（10）真实营销

优质内容的定义也可以说是能带给用户真实感的直播内容。真实感听起来很容易，但通过网络这个平台表现，似乎就不再那么简单了。首先，主播要明确传播点，即你所播的内容是不是用户想要看到的，你是否真正抓住了用户的痛点。这是一个相当重要的问题。

举个例子，你的用户大多喜欢美妆、服装搭配，结果你邀请了游戏界的顶级玩家主播讲了一系列关于游戏技巧和乐趣的内容，那么主播讲得再生动，内容再精彩，用户都不会感兴趣，你的直播也不会成功。

（11）内容创新

"无边界"内容指的是有大胆创意的，不拘一格的营销方式。比如平时常见的有新意的广告，广告内容中没有产品的身影，但表达出来的概念却让人无法忘怀。由此，我们可以看出"无边界"内容的影响力之深。

现在很多主播做直播时，营销方式大多都比较死板，其实做直播也应该创新，多多创造一些"无边界"的内容，吸引人们的兴趣。

例如，在淘宝直播中有一个专门卖电子产品的主播就十分有创意。该主播的直播内容以"王者荣耀等手游面临下架，竟因这个"为题，让人很难想到这家店铺是为了卖电脑等产品而做的直播。很多人都以为这是一个日常的直播，没想到后来竟弹出了相关产品的购买链接，而且直播中还讲述了一些与游戏相关的知识，不看到产品链接根本无法联想到是电子产品的营销。

这样无边界的直播内容更易被用户接受，而且会悄无声息地引发他们的购买欲望。当然，主播在创作无边界的内容时，一定要设身处地地为用户着想，才能让用户接受你的产品和服务。

（12）专业讲述

自从直播火热以后，各大网红层出不穷，用户早已对此感到审美疲劳。而且大部分网红的直播内容没有深度，只是一时火热，并不能给用户带来什么用处。

因此，很多企业使出了让CEO亲自上阵这一招。CEO本身就是一个比较具有吸引力的人物，再加上CEO对产品通常都有专业性的了解，所以CEO亲自上阵直播会让用户对直播有更多的期待。当然，一个CEO想要成为直播内容的领导者，也需要具备一定的条件。笔者总结为3点，如图9-12所示。

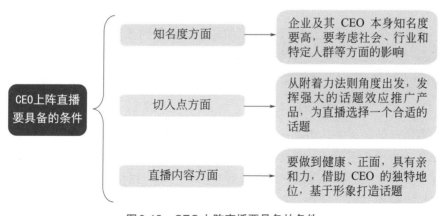

图9-12　CEO上阵直播要具备的条件

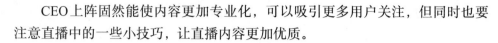

CEO上阵固然能使内容更加专业化，可以吸引更多用户关注，但同时也要注意直播中的一些小技巧，让直播内容更加优质。

（13）增值服务

很多优秀的主播在直播时并不是光谈产品，要让用户心甘情愿地购买产品，最好的方法是提供产品增值内容。那么，主播如何提供增值内容呢？笔者大致分为3点，如图9-13所示。

图9-13　提供增值内容的技巧

最典型的增值内容就是让用户从直播中获得知识和技能。比如天猫直播和淘宝直播在这方面就做得很好。一些利用直播进行销售的商家纷纷推出产品的相关使用教程，给用户带来更多软需的产品增值内容。例如，淘宝直播中的一些化妆直播，一改过去长篇大论介绍化妆品成分、特点、功效、价格以及适用人群的老旧方式，而是直接在镜头面前展示化妆过程，边化妆边介绍产品。

这样的话，用户不仅通过直播得到了产品的相关信息，还学到了护肤和美妆的窍门，对自己的皮肤有了系统的了解。用户得到优质的增值内容自然就会忍不住想要购买产品，直播营销的目的也达到了。

9.3.2　营销优势：促进用户互动

虽然直播营销还处在初级的摸索阶段，但直播的互动性营销优势已经成为共识。一般而言，大家对直播互动的印象主要为打赏、发弹幕和送礼物。而本节将围绕直播的实时互动性来介绍一些直播营销的优势。

（1）增强用户的参与感

直播营销过程中，如果只是主播一直在介绍产品，那么用户肯定会觉得枯燥无味，离开直播间，甚至会取消对主播的关注。这时，就应该大力发扬直播平台本身的交互优势，主播一定要及时与用户互动，这样才会带动用户的参与，增强用户的参与感。比如，在展示商品的同时与观看者进行交流沟通，及时回应用户提出的问题。

例如，在淘宝直播中，有一个主题为"懒人必备自加热小火锅"的食品直播，在直播中，用户可以提出对产品的各种疑问，然后主播对其进行解答，比如用户可以提问："小龙虾优惠多少？"除此之外，如果用户觉得主播的产品很实用，还可以关注主播，或者送礼物给主播。

用户在直播中获得了自己想知道的信息，大大增强了参与感，已经不能和单纯地观看直播相提并论，这也使得直播营销的业绩不断提升，直播间人气也不断高涨。

（2）加强企业品牌黏性

增强企业品牌黏性也是直播的营销优势之一，而增强企业品牌黏性又需要根据用户的需求来进行直播。很多企业也需要向那些人气高的主播学习直播的技巧，他们之所以得到众多用户的喜爱和追捧，原因就在于他们懂得倾听用户的心声，并实时根据用户的需求来直播。企业具体要怎样倾听用户的需求呢？笔者将要求总结为3点：把握用户心理、及时做出反馈和及时对直播进行调整。

（3）应用大众从众心理

在直播营销中，不仅有主播与用户的互动，也有用户与用户之间的互动。比如，用户之间用弹幕进行交流，谈论产品的性价比等。

用户在交流的同时，会产生一种从众心理，从而提高购买率。在直播时，直播界面会时不时弹出"某某正在去买"这样的字样，如图9-14所示。其目的就是利用用户的从众心理，吸引他们去购买产品。

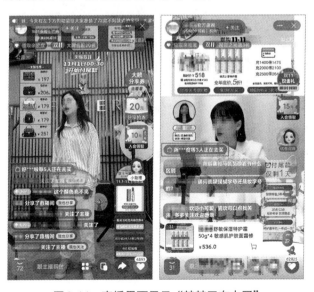

图9-14　直播界面显示"某某正在去买"

9.3.3 小心谨慎：雷区要注意

主播在进行直播营销时，往往容易走入依赖第三方、自建平台、盲目从众、擅自经营和逃税等误区，下面笔者将进行具体分析。

（1）依赖第三方

很多企业因为看准了第三方直播平台的用户数量多和流量大，常常借助泛娱乐直播平台进行直播营销。实际上这种做法是非常不可取的，因为对于企业而言，这些第三方直播平台的用户与企业并不完全对口。

因此，企业在某些小众平台直播，换来的只是表面上的虚假繁荣，犹如"泡沫经济"，并不能实现营销效果。此外，网络环境不稳定也是利用第三方直播平台进行直播的一个问题。一般大型发布会现场的网络信号时常不稳定，这将会严重降低用户的观看体验。

因此，企业在利用直播宣传时，可以通过与专业的直播平台展开合作，充分利用其成熟的技术，解决直播中卡顿的问题，让直播更加顺畅。

（2）自建平台

有些企业会为了营销而自建直播营销平台，这虽然保证了用户的精确度，但增加了营销成本，不是最佳选择。其实，如今成熟的视频直播解决方案平台已经在市场上崭露头角，他们能提供专业的帮助。

（3）盲目从众

视频直播不仅是一个风靡一时的营销手段，还是一个能够实实在在为企业带来盈利的优质渠道。当然，企业要注意的是，不能把视频直播片面地看成是一个噱头，而是要大大提高营销转化的效率。

特别是对于一些以销售为主要目的的企业而言，单单利用网红造势，还不如直接让用户在视频直播平台中进行互动，从而调动用户参与的积极性。

比如，某直播平台联合家具行业的周年庆进行直播，用户不仅可以在微信上直接观看直播，并分享到朋友圈，还可以在直播过程中参与抽奖。这种充满趣味性的互动，大大促进了用户与品牌之间的互动。

（4）擅自经营

当下网络视频直播大热，各种直播经营者一拥而上，面对着直播行业的巨大经济利益的诱惑，许多经营单位未经过许可就擅自经营和从事网络表演等活动。这在法律上来说，已经涉及了违规经营和超范围经营，按照相关法律法规，文化部门和工商部门都有权对其进行查处。

（5）侵犯他人

直播内容存在侵犯他人肖像权和隐私权的问题。比如一些网络直播将商场或人群作为直播背景，全然不顾他人是否愿意上镜，这种行为极有可能侵犯他人肖像权和隐私权。

自从视频直播逐渐渗入人们的日常生活，用户已经没有隐私，成为别人观看的风景或他人谋利的工具。用户可以通过某些直播平台，观看不同地方的路况、商场等场景，甚至可以观看生活场景。

隐私权的关键有两方面。第一，隐私权具有私密性的特征，权利范围由个人决定；第二，隐私权由自己控制，公开什么信息全由个人决定。

当我们处在公共领域中，并不意味着我们自动放弃了隐私权，可以随意被他人上传至直播平台。我们可以拒绝他人的采访，也有权决定是否出现在视频直播中。

（6）逃税暗礁

视频直播行业丰厚的利润是众所周知的。很多主播也是看中了这其中的高收入，才蜂拥而上。

这样可观的收入就涉及缴税的问题。逃税可能构成刑事犯罪，如果主播逃税，不仅对自身，对整个直播行业都会造成极其恶劣的影响。

营销技巧：让用户无法拒绝你

一个商品，如果仅仅只是通过图片、文字等方式传播和转化，往往难以达到惊喜的效果，而且这种营销方式很有可能随着技术的发展和人们生活方式的改变而逐渐失去部分优势。因此，利用直播的方式进行营销可以说具有非常实用的价值，那么如何在直播间进行营销呢？本节将讲述一些直播营销技巧，帮助主播提升粉丝关注量。

9.4.1　守护主播：吸引和沉淀新粉丝

主播要想在直播间维护好粉丝，可以在直播间标题上进行暗示，并在直播间内进行粉丝群的宣传,那么如何促进粉丝入群呢?可以通过以下这几个方法。

① 气氛引导:如果直播间的主播过于沉闷,则无法调动用户的积极性,更加无法促使粉丝加群,因此主播需要通过互动活跃直播间氛围,如关键词抽奖等。图9-15为主播进行关键词抽奖的直播间。气氛活跃成功后,可以利用发红包或者上新第一通知等福利吸引粉丝入群。

图9-15　关键词抽奖

另外,主播还可以对新进直播间的用户表示欢迎,让用户觉得自己受到重视,进而选择停留观看。

② 网络流畅度:卡顿或者画面延迟等直播问题的产生会给用户带来不太舒适的观看体验,进而影响粉丝的心情,因此想要沉淀新粉丝,流畅的画面也是必不可少的。选择合适的直播设备以及稳定的网络,可以确保直播画面的流畅。

③ 观看画面效果:这里的画面效果指清晰漂亮的效果展示,如直播间的灯光、主播的服饰以及直播间的背景等。直播的灯光要足够明亮,这样更有利于呈现产品的最佳展示效果;直播间的背景可以选择单一干净的背景,也可以在背后放置一些带货产品。

吸引新粉丝入群之后,主播需要管理好粉丝群,例如设置管理员,并且要加强线下的交流以及沟通,可以在群内分享一些最新的活动和最近的生活等。

9.4.2　智能回复:快速响应粉丝要求

智能回复有以下3种常用的回复类型:第一种是粉丝输入关键词到直播界面就可以得到自动回复的内容;第二种是粉丝进入直播间后,会自动邀请粉丝关注自己;第三种是主播被粉丝关注后对粉丝的自动感谢回复。主播设置智能回复能够更及时与粉丝进行互动和沟通,也方便粉丝获取所需要的信息。

作为电商直播，主播在直播间回复的内容有以下3种常见类型。

① 主播信息回复：主要是向用户回复主播身高和体重等信息。用户在购买服装前，会向主播询问其身高和体重作为自己穿着尺码的参考。而现在更多的主播是直接把这类信息展示在直播界面中，如图9-16所示。

② 商品信息回复：当主播开始展示下一件服装商品时，如果有用户想再了解主播前面试穿的产品资讯时，就可以点击直播界面左下角的宝贝口袋后，选择感兴趣的产品，点击看讲解即可进行直播回放，如图9-17所示。

图9-16 主播个人信息在直播间的显示

图9-17 产品直播回放

③ 优惠信息回复：主播可以在个人资料里的直播优惠中填写相关的优惠内容。这样在用户问及优惠信息的时候，即使主播有事离开直播间，或者忙于产品展示时，也可以把信息自动回复给粉丝，有的主播还会设置小助手，提醒用户领取优惠券。

9.5

技巧提升：营销与推广相结合

在进行直播营销推广之前，主播要做好直播营销方案，这样才能按部就班、循序渐进地执行直播的宣传推广工作。本节主要讲述直播营销的方案与宣传引流的方法，以提升主播的人气和影响力。

9.5.1 营销方案的5大要素

在制定直播营销的方案之前，主播需要弄清楚直播营销方案的必备要素有哪些，这样才能做好方案内容的整体规划。一般来说，直播的营销方案主要有5点，具体内容如下。

（1）直播营销目的

直播营销的方案内容首先要具备的要素就是明确的营销目的，主播需要告诉参与直播营销的工作人员，我们直播营销的目的是什么。例如双十一电商节将至，某电脑品牌为了提高新品预售的销量和扩大产品品牌的口碑影响力，于是在淘宝直播平台进行产品营销直播，如图9-18所示。

图9-18 某电脑品牌的产品营销直播

（2）营销内容简介

直播营销方案需要对直播营销的主要内容进行概括，包括直播营销的主题、直播营销的形式和直播营销的平台等。

例如，2020年6月1日，某厂商举行X50系列5G手机新品发布会的直播，直播发布会的主题为"微云台，稳稳拍"。图9-19为淘宝直播平台上关于X50手机新品预约的内容简介。

图9-19　手机新品预约详情

（3）营销人员分工

直播营销方案需要安排好直播营销工作的人员分配，比如渠道的寻找、内容的制作和推广的执行等。只有落实好直播营销工作的人员安排，才能确保直播营销的顺利进行和圆满成功，也才有可能取得预期的营销效果。

（4）把控时间节点

在直播营销的推广过程中，要规划好直播营销的时间节点。一般而言，时间节点包括两部分，一个是直播的整体时间节点，包括直播的开始时间和结束时间；另一个是直播营销每个步骤环节的时间节点。直播营销的时间规划有利于保证直播营销工作的按时进行，减少主观因素导致的工作延期。

（5）控制成本预算

在直播的营销方案中，主播要估算好直播营销活动的成本以及自己可以承受的预算成本，只有弄清楚这些问题，才能评估直播的营销效果和后期带来的收益。

9.5.2 直播营销方案的执行

直播营销方案的顺利落实和执行需要参与直播营销的各工作人员对直播营销的工作内容胸有成竹。直播营销方案的执行规划主要有以下3个方面，如图9-20所示。

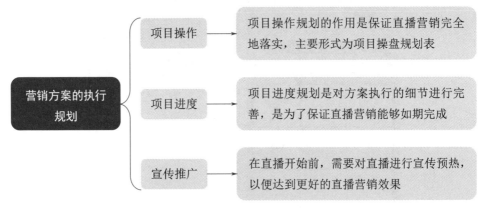

项目操作 → 项目操作规划的作用是保证直播营销完全地落实，主要形式为项目操盘规划表

营销方案的执行规划

项目进度 → 项目进度规划是对方案执行的细节进行完善，是为了保证直播营销能够如期完成

宣传推广 → 在直播开始前，需要对直播进行宣传预热，以便达到更好的直播营销效果

图9-20　直播营销方案的执行规划

9.5.3 宣传引流的4种方法

关于直播营销的宣传和推广，笔者根据自身的经验，总结了以下几种常见的引流方法。

（1）硬性广告宣传

硬广告是过去最常见的广告营销手段，它是指直接介绍商品以及服务内容的传统广告形式。电视广告、广告牌和杂志广告等都属于硬广告。硬广告是以强制手段强迫受众接受，让许多人很反感，特别是网络上打开网页时自动弹出的广告。虽然硬广告具有传播速度快等优点，但是其缺点更加明显，硬广告的缺点有以下几点。

● 费用昂贵，广告投入的成本高；
● 数量过多且滥，同质化很严重；
● 渗透力比较弱，时效性比较差。

在采用硬广告进行直播营销时，要注意尽量避免硬广告的缺点，发挥其优势，这样才能取得较好的直播营销效果。

（2）视频引流方式

相较于文字图片的宣传推广方式来说，视频引流的传播效果会更好，因为视频的表达更加直观明了和生动形象，也易于被用户所理解。在现在这个快节奏时代，用户已经不太愿意也不太可能花很多时间来了解你所写的内容，所以越来越多的主播开始利用视频进行推广和引流。

例如，B站一位美食区的主播就利用自己在平台上投稿的短视频来进行引流，只要点击"UP主推荐广告"即可跳转到相应的界面，用户可选择完成下单，也可以选择关注该主播，如图9-21所示。

图9-21　视频引流

（3）直播平台引流

在各大直播平台上，一般都会有"推送"或"提醒"的功能设置，在正式开始直播之前，可以将开播的消息直接发送给关注主播的粉丝们。这样做既能在直播平台上进行预热，提高直播间的人气，吸引更多关注；又能利用这段时间做好直播的各种准备工作，如直播硬件设备的调试，以便达到直播的最佳状态。

以京东直播平台为例，受众可以在主播直播的预告页面点击"开播提醒"按钮，即可设置提醒，平台会在直播即将开始时发送消息提醒，如图9-22所示。

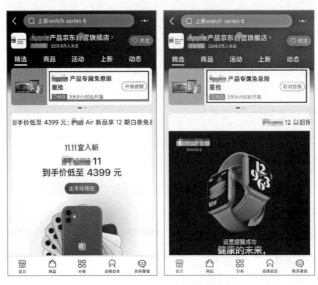

图9-22　直播预告的提醒功能

（4）社区问答引流

利用社区平台进行引流也是一种常用的营销推广方式，主播可以通过在这些平台上选择相关的问题进行回答，然后在答案中巧妙地留下自己的联系方式或直播链接。这样做既帮助了用户，又可以把流量引入到直播间，可谓一举两得，这也是软文推广的形式之一。常见的社区问答网站有百度贴吧、百度知道、百度经验、天涯论坛和知乎问答等。图9-23为某用户在知乎上的引流回答，他在回答问题时顺便在案例中为自己的直播引流。

图9-23　某用户在知乎上的引流回答

第10章
直播内容推广，
强化用户场景式体验

直播是一种比较新颖的内容呈现形式，内容方面的呈现尤为重要。

从营销和用户角度来说，能满足营销需求和用户体验才是直播的本质要求。本章就从直播内容营销、直播内容方向和直播内容来源等方面出发，对直播内容推广进行阐述。

内容为王：解决需求才是真营销

直播内容是直播的灵魂，它不仅决定了主播能走多远，也影响着直播的精准推广。下面将从明确传播点和真实性、确保直播内容的原创性、确定直播内容方向以及把握热点话题占先机等方面出发，谈一谈直播内容对直播推广的重要性。

10.1.1 明确传播点和真实性

随着视频直播行业的发展，内容的模式基于企业和用户的需求发生了巨大的变化，从而使得在直播内容的准备和策划方面也发生了关注点的转移：要求明确内容的传播点和注意内容的真实性。

只有这样，才能策划和创作出更好的、更受用户关注的直播内容。下面笔者将从上述两个方面的要求进行具体介绍。

（1）明确内容，找传播点

最初的直播更倾向于个人秀和娱乐聊天的内容模式，而如今直播迅速发展、竞争不断加剧，就有必要对直播内容有一个明确的定位，并选择一个可供用户理解和掌握的内容传播点。也就是说，在直播过程中，要有一个类似文章中心思想的东西存在，不能只是乱侃一气。

直播内容的传播点，不仅能凝聚一个中心，把所要直播的观点和内容精炼地表达出来，还能让用户对直播有一个清晰的认识，有利于主播知名度和形象的提升。

一般说来，所有的直播都有一个明确的信息传播点，只是在这个传播点的界定上和选择的方向上有优劣之分。好的信息传播点，如果再在直播策划中和运行中有明确呈现，那么直播也就成功了一半。

（2）直播内容，应该真实

直播是向用户展示各种内容的呈现形式，尽管是通过虚拟的网络连接主播和用户，但从内容上来说，真实性仍然是其本质要求。

当然，这里的真实性是一种建立在发挥了一定创意的基础上的真实。直播内容要注意真实性的要求，呈现能和用户产生联系的直播内容，真实性表现在真实的信息和情感两方面，这样才能吸引和打动用户。

作为直播内容必要的特质，真实性在很多直播中都有体现，以一个户外美食节目——《一鸣游记》为例进行介绍。《一鸣游记》是某平台一个主播的节目，主要内容是直播在各地的旅游经历。

在互联网热潮的推动下，直播市场持续走高，直播玩法也在不断推陈出新。而在旅游领域，"直播+旅游"模式不仅能为旅游景点带来巨大的流量，主播也能在直播过程中实现变现。

在《一鸣游记》直播节目中，主播会全程直播前往目的地的行进过程，如图10-1所示，也会在直播中呈现旅游目的地的风景、人文，如图10-2所示。另外，主播在直播过程中，还会对旅游所见所感进行生动形象的描述。可以说，主播使尽浑身解数，让用户尽可能地感受直播内容的真实性，就好像自身也同主播一起经历了这次旅行一样。

图10-1 直播前往目的地的行进过程

图10-2 直播目的地景观

10.1.2 确保直播内容的原创性

互联网兴起以来，用户假如查找一个关键词，会发现很多内容都是一样的，读者难以判断原始内容到底是哪一个。可见，复制和粘贴内容已经成为网络信息传播的常态。

这种复制是内容的完全复制。从更广的范围来说，复制不仅仅是指内容本身，它还可以包括与内容相关的演绎模式，抑或是相似的内容主题等，这些都可算得上复制的范围。

那么，有着即时性和真实性的直播内容，在确保直播内容的原创性方面要注意什么呢？从内容本身来说，无论是什么样的内容，只要在没有经过创作者允许的情况下利用和转载，就存在触犯法律的风险。

在直播模式的复制和内容主题的复制上，芒果TV自制的某综艺直播节目就在原创性方面有着突出表现。下面以该综艺直播节目为例，具体介绍其原创性的主要表现。

（1）直播模式方面

从直播模式来看，该综艺直播节目采用的是"直播+点播"的模式，全面诠释了直播2.0新玩法。关于直播2.0新玩法，具体内容如下。

① 24小时全天直播。

② 90天超长待机。

③ 360°全景拍摄。

④ 平台全终端覆盖。

⑤ 用户互动超强。

在"直播+点播"模式下，直播有了全新的创新，即推出了"24小时直播+一周双播"与双大牌点播渠道模式。这一模式产生了巨大的效益——不仅吸引了广大年轻受众的关注，为平台吸引流量，还积极探索了新的品牌内容营销模式。

另外，该综艺直播节目还利用多种技术打破了传统节目制作模式，原创了一种"直播+网生综艺"模式，将视频弹幕技术、多屏直播技术和互动直播技术结合，最终实现了提高用户黏性的目标。

（2）主题内容方面

该综艺直播节目在主题内容方面的原创性集中表现在双淘汰制、818聊天室和日常任务上。这3个方面全是其在主题内容制作方面的创新，是该直播综艺节目中原创玩法的重点内容。例如该节目的818聊天室即是该节目中的15位房客为了拉票圈粉，在每晚8时18分进行直播互动。

该节目通过诸多原创主题直播内容的安排，让15位房客之间以及房客与用户之间的联系变得更加紧密了。

10.1.3 确定直播内容方向

在视频直播发展迅速的环境下，为什么有些直播节目关注的用户数量非常多，有些直播节目关注的用户又非常少，甚至只有几十人？其实，最主要的影响因素有两个，一是对内的专业性，一是对外的用户感兴趣程度。

这两个因素紧密联系，在直播中相互影响，互相促进，最终实现推进直播行业发展的目标。下面笔者将详细介绍这两个因素，帮助大家更好地确定直播内容的方向。

（1）从内来看，专业素养

就目前视频直播的发展而言，个人秀场是一些新人主播和直播平台最初的选择，也是相对容易做出的选择。

在这样的直播时代环境中，平台和主播应该怎样发展才能体现其直播内容的专业性呢？关于这一问题，可以从3个角度考虑。

① 基于直播平台专业的内容安排和主播专业素养，直播擅长的内容。

② 基于用户的兴趣，从专业性角度来对直播内容进行转换，直播用户喜欢的专业性内容。

③ 根据内容稀缺度来确定内容，用户除了喜欢专业性的内容外，他们往往还喜欢新奇或新兴的事物。

主播在选择直播的内容方向时，可以基于现有的平台内容和用户延伸发展，创作用户喜欢的直播内容。

在直播中，用户总会表现出倾向某一方面内容的喜好特点，直播就可以从这一点出发，找出具有相关性或相似性的主题内容，这样更能吸引平台用户的注意，增加用户黏性。

例如，一些用户喜欢欣赏手工艺品，那么这些用户就极有可能对怎样做那些好看的手工艺品感兴趣，因此可以考虑推出有着专业技能的直播节目和内容，实现直播平台上用户在不同节目间的转移。与手工相关的内容又比较多，主播既可以介绍手工的基础知识和历史，又可以教用户欣赏手工作品，还可以从手工制作领域的某一个点出发来直播，如图10-3所示。

图10-3 手工直播

（2）从外来看，迎合喜好

直播是用来展示给用户观看的，是一种对外的内容表现方式。因此，在策划和考虑直播时，最重要的不仅是其专业性，还有其与用户喜好的相关性。一般说来，用户喜欢看的，或者说感兴趣的信息主要包括3类，具体如图10-4所示。

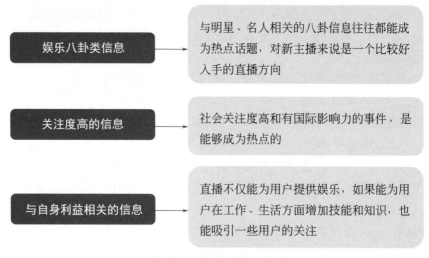

图10-4　用户感兴趣的信息

从图10-4中的3类用户感兴趣的信息出发来策划直播内容，这为吸引用户注意力提供了基础，也为直播增加了成功的筹码。

除此之外，还可以把用户的兴趣爱好考虑进去。如女性用户一般会对美妆、美食和服装类的内容感兴趣，而男性用户往往会对球类、游戏、电竞和数码等内容感兴趣。因此，直播平台上关于这些方面的直播内容就比较多，如图10-5所示。

图10-5　与用户兴趣爱好相符的直播内容举例

10.1.4 直播内容形式

直播可以有许多特色内容，下面简单介绍这些内容形式及其内容要点，如图10-6所示。

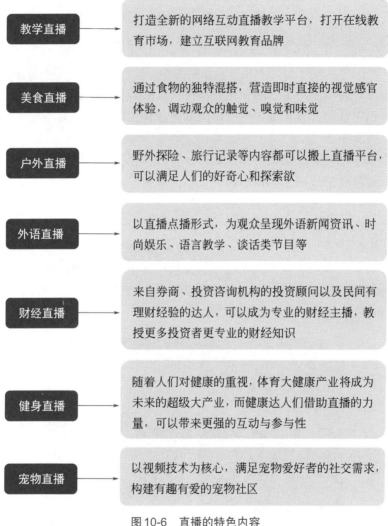

图10-6 直播的特色内容

对于短视频运营者和企业来说，打造直播平台就必须创造出优质的超级内容，这需要在综合考察市场的基础上，充分了解当前的潮流热点和用户的消费习惯，抓住这些关键点，打造一个符合这些关键点的优质内容，这样的直播才能吸引粉丝的追捧和用户的观注。

10.1.5 把握热点话题占先机

一般来说，用户购买某一产品，首先考虑的应该是产品能给他们带来什么样的好处，即产品能影响到用户的哪些切身利益。

如果某一产品在直播中体现的特点，能让用户感到它们于自己是有益的，那么主播就能打动用户，并激发他们购买产品，实现营销目标。因此，在直播的过程中，主播要懂得大胆地展示产品的热点和特点。

（1）实际操作，更为直观

在展现产品给用户带来的变化时，视频直播与其他内容形式最大的不同就在于它可以更清楚、直观地告诉用户肉眼所能看见的变化，而不再只是利用单调的文字做出描述。

作家在写作时手法高超，好像把物体和景物真实地呈现在了用户面前。然而用户在脑海中通过文字构筑的画面，和呈现在眼前的实际画面还是存在一定差距的。其实，这就是文字与视频的区别。

因此，在直播中，主播利用实际操作把产品所带来的改变呈现出来，可以更好地让用户看到产品的特点，感受产品的真实效果。

这种直播内容的展现方式在服装和美妆产品中比较常见。图10-7为涂抹口红的实际效果对比。通过对比，用户可以很直观地感受产品的使用效果，而主播可以结合使用体验，将产品的特点告知用户。

图10-7　直播中口红颜色效果对比

（2）特点热点，完美融合

在直播营销中，特点和热点都是产品营销的重要元素，要想在市场中实现更好更快地营销，打造出传播广泛的直播，就应该"两手抓"，并实现完美融合。例如，在三伏天，"高温""酷暑"已经成为热点，人们关心的重点是"凉""清凉"等，于是某一茶叶品牌推出了有着自身特点的冷泡茶单，帮助人们度过炎炎夏日。

可见，在直播中，主播可以将产品特色与时下热点相结合，让用户产生兴趣，进而关注直播和直播中的产品，进而产生购买的欲望。

10.1.6　直播内容来源

不管是做新媒体还是直播，内容创作都是最为重要的，内容的来源可以是自己想的，也可以借鉴别人好的创意再进一步改进和完善，并加入自己的特色。笔者根据自身的经验给大家总结了以下几种方法，如图10-8所示。

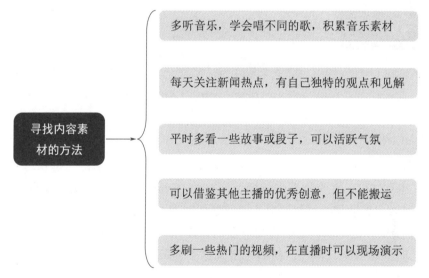

图10-8　寻找内容素材的方法

俗话说："艺术来源于生活。"主播创意和灵感的产生离不开丰富的内容素材，因为个人的想象能力毕竟是有限的，思维的散发需要借助参考源才能得到启发。所以，对于主播来讲，要想源源不断地输出优质的直播内容，平时的内容素材积累是非常重要和必要的。

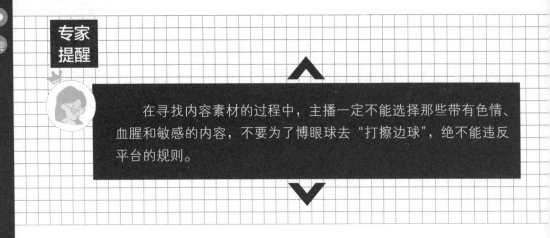

专家
提醒

在寻找内容素材的过程中，主播一定不能选择那些带有色情、血腥和敏感的内容，不要为了博眼球去"打擦边球"，绝不能违反平台的规则。

对于主播而言，直播或新媒体的内容是PGC、BGC和UGC的相互融合，那它们的定义分别是什么呢？如图10-9所示。

PGC、BGC、UGC的定义

PGC即专业生产内容，泛指内容的个性化、视角多元化等

BGC即品牌生产内容，展示品牌的文化内涵和价值观

UGC即用户生产内容，是指用户分享自己的原创内容

图10-9　PGC、BGC、UGC的定义

（1）PGC：专业生产内容

PGC（Professional Generated Content）是一个互联网术语，是指专业生产内容，也称PPC。在直播营销领域，PGC的"Professional"主要指话题性人物，一共有3类，即明星、网红、名人（非娱乐圈的）。

① 明星。近年来，直播带货行业的兴起和火热让许多人心动不已，于是娱乐圈的明星顺应时代潮流，纷纷也进入这个领域，利用自身的优势为自己获得更多的利益，这是中国社会的消费需求和消费水平飞速增长的必然结果。

正因为有各大明星的参与，这种直播营销的内容很受用户喜爱，其品牌的产品销量能取得不错的成绩。但是请明星直播营销产品的成本也是巨大的，其投入产出比还有待评估。

② 网红。由于请明星的成本很大，有些实力较弱的企业或者商家就会选择请网红进行产品的营销直播。

但是一般来说网红的影响力不如明星，所以企业在请网红直播的时候，通常会采用"人海战术"，用多个网红在同一直播间一起进行产品营销。

一名网红的粉丝和影响力虽然有限，但多名网红进行直播的话，就会把各自的资源和优势叠加起来，使得直播间的人气和效果达到最大化，这是电商直播带货常用的方法之一。

③ 名人。除了明星和网红，各界知名人士的直播也非常火热，比如企业家或商界大佬。例如，某公司董事长通过直播的方式，对外发布了无人机产品。在发布会的直播中，他详细地介绍了无人机的功能和配置参数，并现场演示了无人机的试飞过程。

在很多产品发布会的直播中，公司高管为了新产品成功上市，亲自上阵直播介绍产品，利用自身的知名度和影响力让产品获得更多的曝光度，从而为新产品的预约和销售做好铺垫。

从以上3个方面我们可以看出在直播营销中，PGC的作用是非常大的，它贡献了相当一部分的品牌曝光度和销售转化率。这些都是通过和电商平台紧密联系，以边看边买的形式实现产品销售和流量变现的。

（2）BGC：品牌生产内容

BGC（Brand Generated Content）是指品牌生产内容，其作用就是展示品牌的文化内涵和价值观。其实直播营销、视频营销和软文营销在本质上没有什么区别，都非常重视内容的创意，但是这种有创意的优质直播营销内容并不多见。

例如，英国的某高端连锁超市的特色是售卖新鲜的食材，它为了向用户展示自己的特色，于是在视频网站开设专属频道直播食材供应源头的实时画面。

该直播虽然看久了可能会有点无聊，但却抓住了人们对于食品安全问题高度重视和密切关注这一痛点，在直播过程中无形地传递了该超市"绿色环保"的品牌文化和价值观，为其线下超市带来了巨大的人流量。

（3）UGC：用户生产内容

UGC（User Generated Content）是指用户生产内容，也就是用户将自己的原创内容在互联网平台上分享或提供给其他用户。随着互联网的发展，用户的交互作用得以体现，用户既是内容的需求者，也是内容的供给者。

直播营销的UGC不光指的是弹幕的评论功能，除了要和专业生产内容、品牌生产内容互动之外，还要改变它们，这种改变的最终目的是让内容更加丰富有趣。PGC、BGC和UGC三者之间是可以互相转化且相互影响的，所以企业在进行直播营销时要考虑的问题有以下这些方面，如图10-10所示。

直播营销时考虑的问题

PGC：如何让企业直播的内容获得更多的流量？并实现变现

BGC：直播营销的内容主题、风格以及品牌价值观是什么

UGC：如何让受众沉浸在直播内容中，并主动积极地参与互动

图10-10　企业直播营销时要考虑的问题

10.2
内容至上：打造优质内容

什么样的直播内容能使主播获得更多粉丝呢？热门的直播间又有哪些共同之处呢？在本节中将为大家一一进行分析。

10.2.1　内容包装：增加曝光

以娱乐型直播为例，直播间的流程安排会影响用户的体验，传统的娱乐直播主要是主播进行才艺展示，新颖的直播方式包括了云Live直播等形式。例如，抖音平台的"DOULive"系列的活动，将原本现场的Live活动搬至线上，更好地表现出音乐现场的氛围。

在进行直播时，主播可以选择传统的形式，也可以选择新颖的方式。一般来说，以云Live形式直播的通常是受官方邀请的明星艺人。

总之，MCN（Multi-Channel Network，多频道网络）机构会对主播进行包装和培训，但如果是个人主播，在进行直播之前，主播需事先准备才艺——唱歌或者舞蹈，计划好直播的时长，在表演时还可以进行互动抽奖环节。此外，直播中播放的歌单、直播的妆容和聊天的话题都十分重要。

（1）直播歌单

歌曲的选择要符合时下年轻人群的喜好，例如节奏轻快、易于哼唱的华语歌或者节奏感强的英文歌等，有的主播会在直播间进行网易云的歌曲分享。

图10-11为某主播的歌单。

图10-11　某主播的歌单分享

另外，也有些用户会对主播的直播间歌曲进行歌单整理，方便主播的粉丝在直播后进行收听。

（2）直播妆容

直播妆容可以根据主播的风格选择，性感或者可爱是唱歌类、跳舞类以及电台类主播常见的风格，主播通常还会选择相应的服饰进行搭配，或者佩戴相应的头饰，如图10-12所示。

可爱型的主播可以选择双马尾以及可爱少女的服饰，如图10-13所示。对于性感风格的主播则可以将头发放置一侧。

图10-12　佩戴头饰进行直播

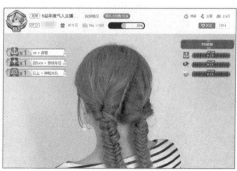

图10-13　可爱型主播造型参考

（3）直播话题

许多新人主播可能会面临直播间没有话题的情况，接下来讲述一些解决没话题的方法。

① 侧重于表达。主播聊天的语气会影响直播间的氛围以及用户的感受，同一句话用不同的方式表达会带来不同的效果。

② 讲述故事。故事易让人接受，是较为吸引人的话题，并且我们小时候就接触童话故事，因此讲述故事能很好地调节直播间的氛围。细节往往是故事最生动最打动人的地方，因此在讲述故事时，主播可以利用故事中的细节打动用户。

③ 联想聊天。联想聊天指的是主播通过一些关键字眼进行事情联想，例如利用用户在直播间的弹幕，选择合适的词语进行联想，进而产生话题。

④ 偶尔可以利用"冷读术"。何谓"冷读术"？它指的是一种获得对方信任的技巧，具体来说，它是指主播通过观察对方的言语和行为，来了解他的心理活动。例如，在进行连麦聊天或者跟用户互动时，或者进行开放式提问交流时，主播可利用"冷读术"加强用户的信任感。

专家提醒

　　直播间的背景十分重要，在直播之前需要事先装扮好自己的直播间。最简单的方法是选择一个干净的背景。

　　另外，主播在聊天时，需要注意把握分寸感。无论是与人交流时的表达，还是讲述故事时的话语，都需要注意维持自身的形象。不恰当的措辞可能会断送自己的主播生涯，甚至遭到禁播的处罚。

10.2.2　封面设计：抓人眼球

直播平台上有着许许多多的直播，怎么样才能吸引公众流量，在众多直播中脱颖而出呢？首先展示在用户面前的就是直播间封面，外表的包装总是能影响一个人的第一印象，美的事物总是更能抓人眼球，人们对于美的事物都更具有好感，因此好看的封面更能吸引用户的点击。那么什么样的封面更能吸引人呢？直播间的封面具体应该怎么设置？以下是一些常见的直播封面类型。

第一种为自拍或者个人写真。这样的封面一般适合秀场主播、美妆主播等，这一类型的封面图可以让用户直接通过封面就能选择主播，有利于用户对喜欢的主播进行选择以及点击直播间。

第二种是游戏的画面，通常为游戏直播的封面。有的封面下角还会显示主播，让用户一看就能了解主播是谁，如图10-14所示。

图10-14　游戏的画面为直播封面

第三种为游戏的海报或动漫人物的海报。这类的游戏多为带有二次元属性的游戏，或者主机游戏，甚至是一些动漫衍生的手游，这一类型的封面在B站直播平台上更为常见，如图10-15所示。

图10-15　动漫人物海报为直播封面

第四种可以直接用绘画作品作为封面，适用于绘画类直播。这样更有利于展示画风以及绘画水准，吸引有共同爱好的用户观看，如图10-16所示。

图10-16 用绘画作品作为直播封面

第五种是电商类的直播封面，通常重点展示产品。以蘑菇街购物平台为例，该小程序的直播封面通常为主播的照片加上带货的商品。

带货主播需要让观众知道所带的产品，可以是美妆产品和服装产品等，如果是美妆带货主播，直播间的封面通常是妆后的照片，一般为个人写真。

10.2.3 故事攻心：情景打动

以电商直播为例，直播的内容只有真正打动用户的内心，才能吸引他们的长久关注。也只有那些能够承载用户情感的内容才是成功的。主播在这个基础上加上电商元素，就有可能引发更大、更火热的抢购风潮。

直播内容并不只是用文字等形式堆砌起来就完事了，而是需要用平平淡淡的内容拼凑成一篇带有画面的故事，让观众能边看边想象出一个与生活息息相关的场景，才能更好地勾起观众继续围观的兴趣。简单点说，就是把产品的功能用内容体现出来，不是告诉观众这是什么，而是要告诉观众这个东西是用来干什么的。

10.2.4 突出卖点：有侧重点

无论什么直播，都需要有侧重点，例如绘画类直播，重要的就是绘画技巧以及绘画教程；游戏直播的重点就是进行游戏，在游戏直播中，也有娱乐型主播，这类主播主要借助游戏来进行娱乐直播，娱乐为主，游戏为辅。

10.2.5 创新内容：创造新意

创意不但是直播营销发展的一个重要元素，同时也是必不可少的"营养剂"。互联网创业者或企业如果想通过直播来打造品牌知名度，就需要懂得"创意是王道"的重要性，在注重内容的质量基础上更要发挥创意。

一个拥有优秀创意的内容能够帮助主播吸引更多用户，创意可以表现在很多方面，新鲜有趣只是其中的一种，还可以是贴近生活、关注社会热点话题、引发思考、蕴含生活哲理、包含科技知识和关注人文情怀的。图10-17为B站某个直播间，该主播就是通过直播配音来获得粉丝的，形式新颖的同时，内容又生动有趣。

图10-17 形式新颖且内容有趣的直播

对于直播营销来说，如果内容缺乏创意，那只会成为广告的附庸品。因此企业在进行内容策划时，一定要注重创新性。

10.2.6 发挥特长：塑造个人特色

对于主播而言，只有不断地输出有创意的优质内容，打造差异化，形成自己独特的风格和特色，才能在竞争激烈的直播行业中占据一席之地。下面主要介绍从粉丝的反馈和发挥主播自身优势这两方面如何打造和提炼直播内容的个人特色。

（1）从评论和私信中了解粉丝需求

例如，B站某主播在策划内容时就经常根据后台网友的留言和评论来选择直播或视频的内容话题，如图10-18所示。

图10-18　以用户的需求来创作内容

直播是主播和用户之间的互动与交流，所以对于内容的安排和把握除了按照自己的想法之外，还需要在直播的过程中通过和用户的互动来了解用户的想法和需求。

没有用户和粉丝的支持和关注，直播毫无意义，所以主播在考虑直播内容时要从用户的需求出发，抓住他们的痛点，给用户展示他们想看的内容，这样做会使粉丝感到一种"被宠爱"的感觉，从而更加喜欢主播，维护主播，增加粉丝对主播的信任，加深彼此之间的互动和联系，也有利于个人特色和IP的形成和打造。

从案例的内容标题中我们可以看出，该主播的直播或视频内容创作点是从网友或用户的切身利益展开的。这样不仅能吸引大量的用户观看，而且还能帮助他们解决实际的问题，将自己所擅长的领域和用户的需求痛点结合起来，形成了自己独特的内容特色，提高了粉丝的忠实度和黏性。

（2）利用自身优势来打造个人特色

对于新人主播来说，要想打造具有个人特色的直播内容，可以从自身优势来入手，包括兴趣爱好、特长技能等。也就是说只做自己了解或擅长的内容，这样更有利于打造个人的特色风格。

例如B站某主播是中国政法大学的教授，因为早期讲解厚大法考的知识点和案例的视频在B站被大量转载而走红，之后受邀入驻B站平台，分享一些法律知识和对刑事案件的分析。

他的内容观点见解独到，语言幽默风趣，特别是在举例时，经常拿虚拟人物张三为例，因而张三被广大网友调侃为"法外狂徒张三"，一时成了一个网络流行的"梗"。图10-19为该教授在B站上分享法律知识的视频或直播，这便是利用自身的优势来打造个人特色风格。

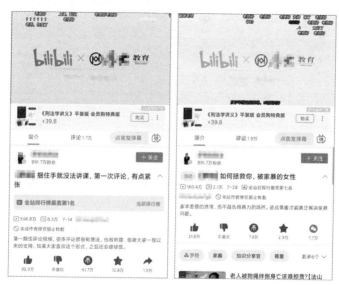

图10-19　某教授分享的视频或直播

第11章
直播产品推广，
"种草"引导消费者决策

作为主播，都想吸引大量粉丝关注，都想成为达人。成功推广产品的关键前提是主播能让用户察觉到产品带给他的价值。本章将从用户角度入手，向读者介绍如何通过抓住用户的痛点、痒点和爽点，来推广自己的产品。

内容带货：玩转直播"种草"

直播"种草"就是通过直播让用户对产品产生购买欲望，以使主播的产品得到推广。在直播中，主播可以从3个方面对用户进行"种草"，分别为产品、主播以及内容。值得注意的是，不同角度的"种草"方式不同，本节将为大家分别讲述如何"种草"。

11.1.1 从产品入手：用户偏爱的"种草"产品

从产品的角度对用户进行"种草"，可以从产品的价值出发，具体可以参考以下几点。

（1）产品的高质量

消费者在主播的直播间下单，必然是信任主播所推广的产品。主播代言伪劣产品，对主播本人的形象也是不利的，选择优质的产品，既能加深粉丝的信任感，又能提高产品的复购率。在产品选择上，可以从以下两点出发，如图11-1所示。

图 11-1 如何选择高质量产品

（2）产品与主播匹配

产品与主播匹配主要依据主播的人设。例如明星带货，这个明星的人设是鬼马精灵，外形轻巧，那么她直播带货的产品，品牌调性可以是活力、明快、个性、时尚和新潮等，偏向活力、积极、动感的产品设计；如果主播是认真、严谨的人设，那么主播选择的产品要更侧重于高品质，具有优质服务，可靠的产品，也可以是具有创新的科技产品。这就是选择与主播人设相匹配产品的方法。

（3）产品的独特价值

产品的独特性可以从产品的设计和造型出发，可以是产品的取材，或者区别于其他同类产品与众不同的地方。另外主播在推广产品过程中，塑造出的产品独特性必须要紧抓消费者的购买需求。

（4）产品的稀缺价值

主播可以在直播带货时主要强调产品的稀缺性，例如限量、专业定制等，表示这类产品是独一无二的，甚至具有收藏价值。例如许多限量款的球鞋，带有独家签名的球鞋和服饰等，都具有稀缺性。图11-2为抖音直播间推广的具有稀缺价值的产品。

图 11-2　抖音直播间推广的具有稀缺价值的产品

除此之外，主播还可以从产品的功能上着手，对产品的特有功能、使用人群、使用场景甚至产地进行宣传，例如地方特产就是利用地理环境的特殊性进行产品推广。

（5）产品的技术价值

产品的优势可以是产品的先进技术优势，主要体现在研发的创新上，如电子产品的直播，可以借助产品的技术创新进行价值塑造。图11-3为某官方直播间推广路由器，主打的价值卖点为Wi-Fi 6。

图 11-3　某路由器直播及其卖点

（6）产品的利益价值

产品的利益价值指产品与用户之间的利益关系；产品的利益价值是从用户的角度进行分析的。例如，主播可以为用户介绍能在日常生活中提供更加舒适的生活环境，或者替用户省去某些烦恼的产品。图11-4为某直播间推广的智能可视化掏耳勺产品，它可以为用户解决掏耳朵时看不清耳内情况的烦恼。

图11-4　直播间推广的可视化掏耳勺产品

11.1.2　从主播入手：寻找高商业价值的达人主播

主播的形象也会让用户"种草"，这一方面可以从以下几点出发。

（1）主播的筛选

从基础的筛选标准了解自身的主播形象。下面将从3个方向来分析，帮助主播找到适合自己的形象，如图11-5所示。

```
                    ┌─────────────────────────────────────────┐
                    │ 年龄层：最好符合商品所面向的年龄段              │
                    └─────────────────────────────────────────┘
┌──────────┐        ┌─────────────────────────────────────────┐
│ 确定主播风格 │───────│ 喜好：主播对商品真心喜欢，粉丝就也会喜欢         │
│ 的三大方向  │        └─────────────────────────────────────────┘
└──────────┘        ┌─────────────────────────────────────────┐
                    │ 专业度：主播最好要对所销售商品的信息有比较专业的了解 │
                    └─────────────────────────────────────────┘
```

图11-5　确定主播风格的三大方向

① 年龄层。主播的年龄和形象要与推广商品所面向的消费者相符合。这样主播在推广商品时，更易收到好的宣传效果。例如，年轻的女主播可以在直播间推荐一些时尚化妆品或首饰，妈妈级的主播推荐婴幼儿用品会非常合适，喜欢养生的中年主播则可以推荐一些茶具用品等。

这样可以吸引同年龄层的粉丝的目光，让他们产生兴趣，有亲近之感，使他们愿意在直播间停留，这样可以达到获得流量的效果，从而有机会提高产品的转化率。另外这也有利于对自己直播间的粉丝进行分类，可以让主播精准地根据粉丝群体来推广产品。

② 喜好。喜好这个标准非常简单，就是主播真心喜欢自己推广的产品。主播对产品的喜欢会自然而然地表现在主播的面部表情和肢体行为上，而屏幕前的粉丝在观看直播时，是可察觉到主播的这些表情和行为的。

如果主播自己都不喜欢推广的产品，就很难说服粉丝去购买产品，更难让粉丝对这个产品产生开心或喜悦的感觉，这样对于产品的转化率来说是非常不利的。

③ 专业度。主播自身的专业度也会影响货品的转化率。作为一个能够"种草"的主播，一定要掌握一些基础的产品知识，同时积极地学习产品信息，这样在直播间面对粉丝提出的问题时，才不至于尴尬，才能游刃有余地进行回应。

对于商家提供的产品，主播更加需要去了解它的功能卖点和价格卖点，其中功能卖点就是这件产品的优势和特点，而价格卖点则涵盖了产品的营销策略和价格优势等内容。

了解分析出产品的两大卖点，可以帮助主播在直播销售时吸引和打动用户的心，在用户心中留下好的印象，并且还可以大大地提高商品的转化率。挖掘用户痛点，这是主播必须学会的一点。拥有可以展现个性的才艺以及正确的三观，是成为一个合格主播的条件，而想要成为一个有认知度、有发言权和有影响力的"种草"主播，就要学会挖掘粉丝的痛点。

（2）主播的包装

主播在直播中包装自己，除了对内要有丰富的自身素养和对外要展现最好妆容外，还应该在宣传方面实现最美展现，也就是要注意宣传的图片和文字的展示。

先从图片方面来看，一般的直播图片用的是主播个人照片，而要想引人注目，则要找准一个完美的角度，更好地把直播主题内容与个人照片相结合，做到相得益彰。

主播的长相是天生的，而作为主播宣传的图片不同于视频，它是可以编辑和修改的。因此，如果主播的先天条件不那么引人注目，可以利用软件适当进行后期美化。

需要注意的是，主播在宣传和表达自己时不能单纯只靠颜值，美丽只是展示自己和吸引粉丝关注的第一步，在创造IP时还需要学会配合另外一些条件，将美貌与才华、正能量等结合在一起，这样才能发展得更长久。

当然，高颜值是相对的。在人的面貌既定的情况下，主播应该在3个方面加以努力来提高自身颜值，即最好的妆容、整洁得体的形象和最佳的精神面貌。针对以上提及的3种增加颜值的方式，下面一一进行介绍。

在直播平台上，不管是不是基于提高颜值的需要，化妆都是必需的。另外，主播想要在颜值上加分，那么化妆是一个切实可行的办法。相较于整容这类提升颜值的方法而言，化妆有着巨大的优势，具体如下。

① 从成本方面来看，化妆这一方式相对来说要低得多。

② 从技术方面来看，化妆所要掌握的技术难度也较低。

③ 从安全方面来看，化妆基本不存在后遗症的风险。

但是，主播的妆容也有需要注意的地方，在美妆类直播中，妆容是为了更好地体现产品效果，因而需要比较夸张一些，以便更好地衬托效果。

除美妆类直播之外，主播的妆容就应该考虑用户的观看体验，选择比较容易让人接受的而不是带给人绝对视觉冲击的妆容，这一点是受直播平台的娱乐性特征决定的。

一般说来，用户选择观看直播，其主要目的是获得精神上的放松，让自身心情愉悦，因此这些平台主播妆容的第一要义也是唯一要求就是让人赏心悦目，要选择与平台业务相符又展现主播最好一面的妆容。

当然，主播的妆容还应该考虑自身的气质和形象，因为化妆本身就是为了更好地表现其气质，而不是为了化妆而化妆，否则可能损坏自身本来的形象气质。

主播的形象整洁得体，这是从最基本的礼仪出发而提出的要求。除了上面提及的面部化妆内容外，主播形象的整洁得体还应该从两个方面考虑，一是衣着，二是发型，下面进行具体介绍。

从衣着上来说，应该考虑自身条件、相互关系和用户观感这3个方面，具体如图11-6所示。

从发型上来说，主播也应该选择适合自身的发型。如马尾既可体现干练，又能适当地体现俏皮活泼，这是一种比较实用的发型。

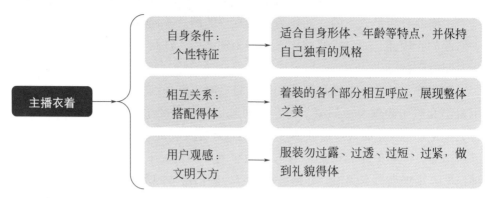

图 11-6　主播衣着应考虑的3个方面

假如直播平台的主播以积极、乐观的态度来面对用户，充分展现其对生活的信心，也是能加分的。主播以认真、全心投入的态度来完成直播，那么也能让用户充分感受主播的这一特质，从而因为欣赏主播敬业的美德而被"种草"。

11.1.3　从内容入手：利用优质内容"种草"

优质的直播内容，也会让粉丝对直播间"种草"。淘宝某头部主播在直播间以晚会形式进行直播，且每隔几分钟以优惠价5.21元上架一次产品，如图11-7所示，只需要点击关注就可以进行抢购，这样的直播获得了众多用户的观看，并且提升了用户对直播间的好感，通过优质内容达到了推广产品的目的。

图 11-7　淘宝某头部主播的直播间

11.2

优质货源：高质量产品留住粉丝

对于推销产品的主播来说，进行产品展示环节是关键的。主播通过对产品的介绍，向用户进行展示。例如服装直播，主播需要展示服装的风格、版型、材质、上身效果等情况，吸引用户的注意力，使用户产生购买的欲望。图11-8为主播在直播间展示服装的上身效果。

图11-8　主播在直播间进行服装展示

但是，想完成这一环节的关键核心点，除了主播的影响，就是产品的因素最起作用。产品作为直播销售中的主角，是决定直播间未来的关键因素。

例如，在爱心助农计划之下，农产品电商化迅速发展，消费者对于农产品的需求也与日俱增，促使一大批农业产业链迅速发展起来。

虽然，农产品的供应基地在一定程度上保证了货源的充足，但是主播和机构想要推广优质的农产品，就需要对货源的质量严格把关。

和在网上购物一样，用户虽然完成了对产品的下单行为，但是，当用户收到产品后，一旦产品的质量不符合自己心中所想，极大可能就再不会第二次购买了。图11-9为消费者的心理分析。

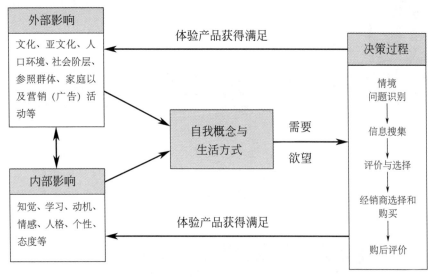

图11-9　消费者心理分析

这种一次性购买行为对于主播来说，不仅无法获得忠实的用户，还可能由于用户的差评，导致主播形象受损，影响更多其他用户的判断，实在不利于产品的推广。图11-10为用户购买的决策流程。

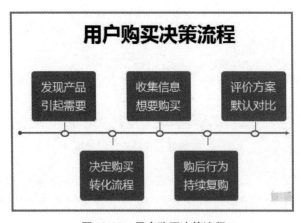

图11-10　用户购买决策流程

如果想让初次购物的用户有第二次复购的行为，想使普通用户转变成忠实用户，关键是主播所提供的产品可以让用户满意和喜欢。

现代人常常有一种习惯性的购买行为，简单来说就是消费者在多次购买后会形成习惯性的反应行为，当他在选择某种产品时，总是会倾向于曾经购买过的产品。这表明，只要产品让用户有依赖感和信任感，用户再次下单行为的概率就非常大。

如今大众对于原生态农产品的需求非常庞大，尤其是居住在大城市的用户。另外在大众的心中，原生态的农副产品的质量也更加值得信任，尤其是在山上放养的家禽等。

面对这种长期且大规模存在的需求，从事农产品带货的主播如果能做到货源好，质量有保证，可以满足用户在日常生活中的需求，那么用户出于习惯和信任的心理，在关注主播直播间后，就很容易在同一间直播间持续购买产品。

11.2.1 用户分析：提高产品精准度

主播在进行直播带货前，首先要学会对产品进行基本情况分析，确保货源的质量，了解产品的受众群体后才可以进行下一步行动。这样更易保证主播在后续的销售工作中能够获得经济效益收入。除此之外，主播只有找到自己的用户，才可以对他们进行系统和详细的分析。

主播只有通过有针对性地对受众群体进行产品介绍和推销，才能切中用户的需求，让用户产生购买的行为，进而提高产品推广率。下面将介绍如何通过对产品受众进行分析以寻找匹配的货源。

主播要学会了解粉丝的年龄等个人情况，判断出他们的关注点，分析他们的购物心理，这样在货源选择时，就有侧重点。如图11-11所示，通过主播在直播间展示的风格就可以大致了解其不同的粉丝群体类型。

图 11-11　不同直播间风格所针对的不同人群

第一幅图风格更加正式、沉稳，并且进行的是按摩类产品的销售，可以发现其面向的人群主要是长期久坐的上班族或者中老年人；第二幅图风格更为活泼、时尚，并且带货的主播也是年轻时尚的女性，可以看出其产品受众为时尚、追求设计的都市女性。

不同的消费者，有着不同的信息关注点，直播间用户的性别、年龄、需求点都可能存在不同之处，他们对于产品的关注重心自然也会不一样。同样一件产品，对于年轻女性来说，可能会看重它的美观性和精致感，而对于年长的女性来说，可能会更加关注产品的实用性。

11.2.2 产品分析：提升产品推广率

如何提高粉丝黏性一直是主播非常关心的一点。直播平台上，有无数的直播间可供消费者点击和观看。这时，不仅需要主播的个人魅力吸引、留住粉丝，也需要通过产品推广来打动粉丝的心。对于这些有消费需求、消费能力的粉丝来说，产品的质量款式和价格最牵动他们的注意力。

主播在选择产品时，最好学会自主选品。因为只有商品选得合适恰当，才能保证销售情况和转化率。至于主播如何掌握选品技巧，可以根据下面两个要点来了解。

（1）根据选品原则进行选品

选品实际上是为平台匹配的兴趣用户选品。在找到精准的受众群体后，需要根据受众群体进行选品。

这要求主播在推销一款产品前，需要对其进行基本的了解，判断市场的需求，了解这件产品的需求空间以及需求量，进而选择需要推广的产品。

（2）分析产品特色，培养选品思路

在选品技巧方面，如何树立起选品思路是一个关键点，只有树立起好的选品思路，才能让自己在选品的过程中，更加便捷快速地选择商品，同时还能保证选择的商品有一定的消费市场。下面介绍3点带货选品思路。

第一点：普通商品中找突出、特色的商品

从普通产品里找出特色产品就是找出比普通产品更加有特色的产品。例如对于牙刷来说，这是非常普通的日常生活用品，没有什么特别之处，也找不出什么特别的花样。但是现在，它也可以以新的模样出现在大众的选择中。

电动牙刷就是其中一种改变，只需要充电，功能全自动，通过电动机芯即可快速震动或者旋转帮助用户自动刷牙，不仅清洁更干净，还能为消费者进行口腔按摩。

第二点：寻找有特定用途的产品

特定用途的产品，表明它是有明确的目的用途的，消费者购买这种产品时，注重它的功能性。比如，塑型内衣就可以起到塑型效果，这就是一种有特定用途功能的产品。

第三点：了解产品本身的利润情况

对于商家和主播来说，直播带货必然涉及产品的利润。主播进行直播，就是希望获得较大的经济价值。在选品方面，如果不根据产品的利润情况进行分析选品，很容易导致的情况是主播付出了极大的精力卖货，结果利润微薄，甚至需要倒贴。如果出现这种情况，这款产品即使再适合自己的粉丝，也需要慎重考虑。

推广技巧：5个方法提高成交率

了解直播的优势后，也许许多读者还是不了解如何直播，接下来主要介绍5个推广产品的小技巧，帮助想要进行直播的读者更好地提高成交率。

11.3.1　建立信任，拉近用户距离

在直播带货中，推广产品的店家有许多，为什么用户会选择在你的直播间购买？那是因为信任，所以在直播带货的沟通中，我们重点需要建立与用户之间的信任，主播可以从以下几点提高用户的信任度。

（1）维持老用户的复购率

主播可以经营服务好老用户，给予已有用户优惠福利，调动这部分用户的购买积极性，有利于借助老用户，挖掘更多潜在用户。

（2）提供详细全面的产品信息

如果在直播中，主播介绍推广产品时不够详细全面，用户可能因为了解不够仔细而放弃下单。所以，在直播带货过程中，主播要从用户的角度对产品进行全面详细的介绍。尤其是产品的优势，必要时主播可以利用认知对比原理，将自己要推广的产品与其他产品进行比较。

（3）提供可信的交易环境

在直播交易中，主播提供的交易方式也会影响用户的信任度，一个安全可靠的交易平台，会让用户在购买时更放心，所以你需要向用户确保你们的交易是安全可靠的，不会出现欺诈、信息泄露等情况。

（4）进行有效的交流沟通

在直播时，主播应该认真倾听用户的提问，并进行有效的交流和沟通，如果在沟通中，用户对产品的提问被主播忽视了，用户就会产生不被尊重的感觉，所以主播在进行直播带货时，需要给予用户适当的回应，表示对用户的尊重，可以专门任用小助手，负责直播答疑。小助手可以任用多名，进行分工合作，这样更有利于直播间的有序管理。

（5）建立完善的售后服务

完善的售后服务可以为主播获得更好的口碑，同时也是影响用户信任的因素。用户购买完产品后，可能会产生一些疑问，或者快递途中造成的损坏等情况，作为主播应该及时处理，避免影响用户的购物体验和信任度。

（6）实行场景化营销

场景化是指布置与消费者生活相关联的产品使用场景，目的是为了帮助用户更好地了解和使用产品。在直播中进行场景化营销，目的是为了让用户在生活中遇到该场景时，能够自然联想到直播间产品。

11.3.2 营造紧迫感，促使用户下单

紧迫感可以在时间上、数量上进行营造，紧张的气氛易让人产生抢购的心理，从而进行下单购买。

（1）时间上的紧迫

制造时间上的紧迫感，例如限时抢购、限时促销等，这类产品通常是高销量的产品，抢购价格通常比较实惠。图11-12为淘宝限时抢购的产品。

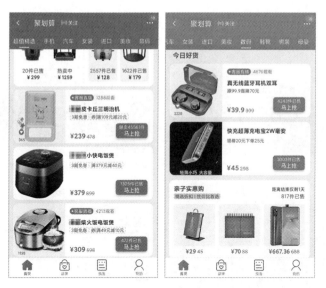

图11-12 淘宝限时抢购产品

除此之外，在直播中主播还可以利用限时抢购来推广产品，比如淘宝限时抢购的直播间，如图11-13所示。

图11-13 淘宝限时抢购的直播间

（2）数量上的紧迫

数量上的紧迫主要是限量抢购。限量抢购的产品通常也是限时抢购的产品，但是也有可能是孤品、极少数额的限量款，也有可能是清仓断码款，例如淘宝直播上的"断码"标签的产品，如图11-14所示。

图11-14　淘宝直播上的"断码"标签产品

抢占优势：呈现产品价值

直播是动态的观看过程，与传统的电商相比，主播可以在直播时呈现产品，更有利于增强产品的真实性，展示产品使用细节，帮助用户更好地了解产品的使用，更有利于实现商品的价值交换。

11.4.1　直播推广增加购买欲望

在传统的电商购物中，我们先通过目录检索，再查看图片以及文字描述，决定是否购买，但这种方式存在一些缺陷，如图11-15所示。

传统电商购物的缺陷
缺陷一：目录检索范围广泛
缺陷二：图片展示的局限性
缺陷三：文字描述的片面性

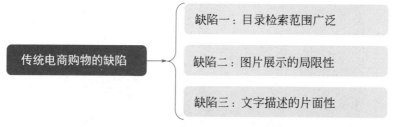

图 11-15　传统电商购物的缺陷

而直播推广产品更具直观性，具体体现在以下几个方面，如图11-16所示。

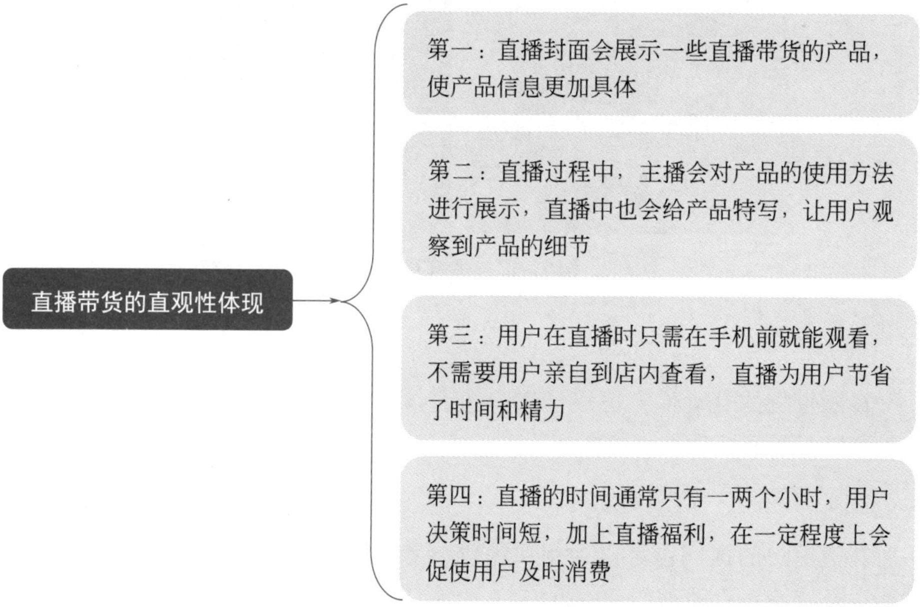
直播带货的直观性体现
第一：直播封面会展示一些直播带货的产品，使产品信息更加具体
第二：直播过程中，主播会对产品的使用方法进行展示，直播中也会给产品特写，让用户观察到产品的细节
第三：用户在直播时只需在手机前就能观看，不需要用户亲自到店内查看，直播为用户节省了时间和精力
第四：直播的时间通常只有一两个小时，用户决策时间短，加上直播福利，在一定程度上会促使用户及时消费

图 11-16　直播带货的直观性体现

除此之外，主播推广产品相较于传统模式来说，可以让用户产生亲切感，主播能将自己带入到用户的角度进行思考。另外，主播会提供给用户自己的使用感受，甚至主播在直播之前还会做足功课，事先了解产品的特点和优势，在直播中用户只需要听主播讲解就可以了，替用户节省了自己调查和了解产品的时间以及精力。

11.4.2　零距离推广促进消费频率

以淘宝直播为例，用户在观看的同时，可以在下方进行弹幕互动提问，如图11-17所示。

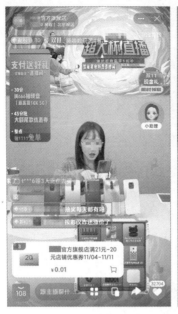

图 11-17　弹幕互动提问

（1）节省商家人力成本

直播带货的互动性，可以让用户边看边买。同时，直播中的一对多营销模式，可以为商家节省人力成本。

（2）帮助用户了解产品

其他用户的提问也可以为用户提供参考，避免遗漏。用户充分了解产品的性能以及特性，有助于产品的推广。

（3）促使用户参与抢购

在直播互动中，其他人的言语也会影响用户的购买，尤其是在产品被疯抢时，用户会产生从众心理。

（4）提高用户的参与感

品牌邀请主播进行直播带货，提高了主播的作用，同时也提高了用户的参与感，不再是简单地一对一产品介绍，而是在人与人的社交沟通中进行销售。

11.4.3　网红与直播相辅相成

在利用直播推广产品时，主播很具影响力，在一定程度上也反映了网红与用户的信任程度。图11-18为网红与用户信任关系对直播带货的影响。

图11-18　网红与用户信任关系对直播带货的影响

如何提高用户对网红的信任程度，可以从以下几个方面着手进行提高。

（1）树立正面的个人形象

首先应具有正确的三观，并树立一个积极正面的人设，不要为了走红而选择消极的曝光方式，消极的方式只能暂时让网红获得一时的热度，正能量的主播更有利于培养用户的信任感，也更有利于自身的发展。

俗话说，祸从口出，主播在直播过程中，应当只针对产品进行介绍，而不应该随意评价其他主播，不可通过贬低他人的方式来抬升自己，这样很容易影响粉丝对主播的信任度。

（2）提高自身的专业技能

主播在直播之前需要充分地了解产品，把握产品特性，并在直播时根据产品的特性进行精准介绍，掌握专门的语言技巧。主播在进行直播带货讲解时，掌握语言技巧的主播更能促进用户消费，语言技巧可以从以下几个方面进行提高。

① 对症下药。主播需要熟悉产品的用户群体，根据用户群体的特点进行讲解。例如在美妆直播中，面对的多为时尚的女性，这类女性普遍爱美，在直播讲解时，需要在把握产品特点的基础上分析产品是如何提高用户颜值的，在讲述的过程中要尽可能地让用户产生同感，带动用户的情绪。这类产品和用户针对性强的直播，也可以在直播间的封面上体现，比如美妆直播可以采用美妆产品作为封面图，如图11-19所示。

② 外表形象。直播时，主播推广要饱含热情，同时也要表现得有耐心，并且具有感染力、亲和力，这样更能促进用户消费。例如被称为"人间唢呐"的"口红一哥"，他在直播时经常利用夸张的动作、热情的语言来推广产品。图11-20为"口红一哥"的直播。

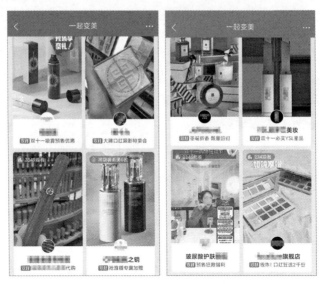

图 11-19　针对性强的直播间封面

图 11-20　"口红一哥"的直播

③ 个人观点。作为一个带货主播，在直播时一定要有自己的想法，如果都是平常的观点或商家的看法，是吸引不了用户的。

"网红经济"：推广"网红产品"

网红经济日渐发展，其市场也越来越大。网红产品、网红景点和网红店铺等都是网红经济下的产物，那么如何打造并推广网红产品，获得网红经济的红利呢？本节将介绍一些实用方法帮助主播更好地打造和推广网红产品。

11.5.1 发展网红模式：减少边际成本

在经济学中，所谓边际成本是指每新增一单位的产品（生产或者购买的产品）带来的总成本的增量。当同一件产品生产多件的时候，商家所需要的边际成本也就越低。如何能够生产多件呢？这就需要商家打响店铺的品牌，打造网红产品就是降低边际成本的很好方式。因此，在直播带货时，店家以及主播需要转化带货模式，发展网红模式。

11.5.2 外部KOL合作：打造高转化率直播间

外部KOL（Key Opinion Leader，关键意见领袖）的合作需要在品牌用户数量达到一定的规模、拥有一定知名度时进行。许多大的品牌会寻找一些网红、明星加入直播间，帮助推广产品。图11-21为某知名品牌邀请明星推广产品的直播间。

图11-21 某知名品牌邀请明星推广产品的直播间

品牌的规模越大，所能邀请的网红、明星也就越多，在网红产品的打造和推广上就越容易。在进行KOL引入时，品牌需要进行市场调研，了解哪些类型的KOL会更合适，确定想合作的KOL名单，之后再准备合作方案，最后联系KOL或者其所在的经纪公司，进行合作。

将KOL引入之后，为保证KOL的影响力，品牌需要对其进行包装和赋能。除此之外，还可以进行热点话题制造，提高KOL的影响力。

11.5.3 内部KOL孵化：直播宣传低成本

内部KOL孵化相对更适用于店铺直播的前期。内部孵化需要自己进行计划和培训，逐步提高和加强主播的推广能力。许多的大品牌也会采取内部KOL孵化的形式进行产品推广。图11-22为某家居品牌采取内部KOL孵化的直播间，该主播已经积累到了一定的影响力。

图 11-22　内部KOL孵化

内部KOL孵化相对于外部KOL引入来说，成本较低，在品牌发展前期，可能资金不是特别充裕时，内部KOL孵化更适合。

在直播带货中，前期内部KOL孵化最需要的是流量的积累，因此在直播带货时需要注意几个问题。首先是尽量选择竞争较小的时间点进行直播，其次在主播的选择上，可以选择专业能力强的素人。例如在之前有过产品销售相关经验的人，许多品牌的内部KOL孵化人员都是在品牌内部人员中选择的。这样的主播对品牌产品拥有一定的了解，可以更好地进行直播"种草"，其次可以利用长相上拥有优势的人员参与直播，利用其颜值进行"种草"。在许多直播间中，可以看到用户在直播弹幕中表达对于这些主播的喜爱，并且在主播没有参加直播的时候，还会进行询问，这也是内部KOL孵化成功的一个体现。

11.5.4 树立标签定位：加深产品印象

明确产品标签定位即要让产品的形象占据在观众的脑海里。在进行直播带货时，需要利用标签或者打造标签，并且强化标签印象，让用户熟知该产品，从而达到推广该产品的目的。

在广告营销中，许多广告文案的目的就是加深用户对品牌产品的印象。当该产品家喻户晓之后，就能成为一件网红产品，当然产品的印象需要保持有利的正面形象。

11.5.5 信号传递模型：吸引消费人群

在互联网十分发达的今天，成为网红并不困难，可能一个视频、一个动作或一件小事就能成为网红，但如何通过直播的内容向观众传达信息和推广产品，甚至让用户选择和购买产品，都显得十分困难。

信号传递模型是经济学家迈克尔·斯宾塞（Michael Spence）的研究理论，在本质上是一个动态不完全信息对策，由两个参与者构成。在电商直播中一个可以是带货的直播，另一个是消费者，主播在带货中可以先向消费者传递适合的信号，讲述这类产品具有的效果以及面对的人群，那么有需求的用户就会进行购买。图11-23为具有信号传递模型特征的直播间标题。

图11-23　具有信号传递模型特征的直播间标题

"618省钱攻略大公开"直播间向用户发出了省钱攻略的信号，这样用户看到后，就会接收到省钱的信息，进而点击直播间；"穿搭指南"的直播间利用的

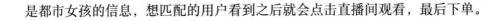

是都市女孩的信息，想匹配的用户看到之后就会点击直播间观看，最后下单。

11.5.6　注重产品细节：细节决定成败

　　想要打造网红产品并不容易，店家需要在细节上进行把握。例如从直播带货的封面和标题入手，选择与直播内容相关的封面，造成强烈的视觉冲击，激发用户的好奇心，再利用恰当的产品标签或者人群标签，精准地获得目标人群，进行产品推广。

第12章
引爆流量的推广技巧

如何策划和推广一场直播，关系到主播的人气和变现。本章将从直播活动推广技巧和直播活动策划的执行两方面具体帮助主播策划和推广直播活动。

12.1
直播活动的推广技巧

在推广直播活动之前，主播要做好直播活动方案，这样才能按部就班、循序渐进地执行直播宣传推广工作。本节主要讲述直播活动方案的相关内容，以提升主播的人气和影响力。

12.1.1 策划直播活动脚本

在正式直播之前，我们需要做好直播活动脚本策划。为什么要写直播脚本呢？主要有3个目的，如图12-1所示。

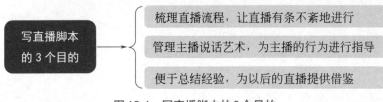

图 12-1　写直播脚本的 3 个目的

了解了写直播脚本的 3 个目的之后，其意义和作用又有哪些呢？具体内容如图 12-2 所示。

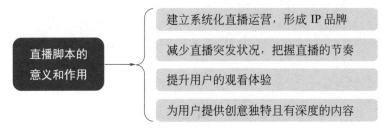

图 12-2　直播脚本的意义和作用

想要做好一场直播就得把握好直播的 4 大核心要素，具体内容如下。

① 明确直播主题。直播活动需要围绕主题进行，如果内容与主题不相符合，就会有"标题党"之嫌，这样本末倒置的直播内容会很泛很杂，别人不知道活动所要传达的核心信息，容易导致用户反感，从而造成粉丝的流失。

② 把控直播节奏。把控直播活动节奏其实就是规划好时间，只有确定每个时间段要直播的内容，主播才能从容自如地控制整个直播流程的推进，这样做能够优化直播的流畅度，提升受众观看直播的体验感，也就不会出现直播中突然暂停或者面对突发状况不知所措的情况了。

在直播过程中，直播的内容一定要和直播目的相匹配，这样才有利于节奏的把控。那么，究竟该如何使直播的内容围绕目的来进行呢？我们可以从以下 3 个方面来入手，如图 12-3 所示。

图 12-3　使直播内容与直播目的相呼应的方法

要做好直播节奏的把控就需要对直播内容进行分阶段设置，罗列出直播的内容大纲，就像在线教育的直播课程一样，讲师在正式上麦讲课之前会做好直播课件，对直播的知识点进行梳理。

③ 直播活动分工安排。直播的各个流程和环节需要直播团队的配合，所以在直播活动脚本上一定要备注好每个人的工作安排和职责，这样一方面能够提高直播运营的效率，另一方面还能培养团队成员之间的默契。

④ 引导直播互动。把优惠、游戏和抽奖等互动环节安排在直播活动的哪个时间点，也需要在直播脚本中提前确定好，可以在特定的时间设置一些限时限量的福利活动。一般来讲，抽奖活动是直播互动的高潮，合理地利用这些互动环节能够有效地提升用户转化率，主播在与用户互动时一定要营造急迫的气氛，反复强调福利的稀缺性和获取方式，比如："优惠大礼包只剩下最后几个名额了，机不可失，时不再来！"除此之外，还可以和用户进行情感互动、故事互动等，增进彼此之间的感情。

（1）直播大纲

直播大纲一般包含9个模块，即直播目标、直播类型、直播简介、人员安排、直播时间、直播主题、流程细节、推广分享和直播总结，具体内容如下。

① 直播目标。首先制定直播想要达到的目标是什么，这个目标要尽可能地具体量化，只有这样直播才会有方向和动力。比如观看人数、转化率和成交额等目标。

② 直播类型。其次就是要确定直播的类型，也就是直播的标签或频道，是要做音乐直播，还是想做游戏直播？这个可以根据主播的爱好或者特长选择适合自己的分类。直播类型的确定实际上就是锁定目标受众，有利于形成自己的风格和特色。

③ 直播简介。直播简介是对直播活动核心内容进行提炼和概括，让用户一眼就能明白和了解直播的大概内容。

④ 人员安排。对于较为大型的直播，个人想完成直播所有流程的工作是非常困难的，所以这时候就需要组建直播运营团队，安排人员来协助主播完成直播的各项工作，这样能集众人的力量把直播活动做得更好，同时也减轻主播的负担。图12-4为抖音上

图12-4 抖音上某网红直播团队中的部分人员

某网红直播团队中的部分人员，他们分管直播各个方面的工作，互相协调，有的负责摄影，有的负责上产品。

⑤ 直播时间。确定直播时间是直播大纲的一个重要组成部分，直播时间的确定需要迎合粉丝群体的生活习惯和需求，如果是安排在周一至周五，白天绝大部分人都在工作或者读书，所以直播最好选择在晚上进行；如果是在周六或周日，则下午或者晚上都可以，选择合理的直播时间能够增加直播的观看人数。

确定好直播时间之后一定要严格地执行，并且要准时开播，尽量使直播的时间段固定下来，这样能在受众心中建立信誉良好的形象，养成受众按时观看直播的习惯，增强粉丝的黏性。

⑥ 直播主题。直播的主题本质上就是告诉受众直播的目的是什么（这个目的不是对主播而言的），明确直播的主题能够保证直播内容的方向不会跑偏。直播的主题可以从不同角度来确定，比如产品的效果展示、功能特色、优惠福利或者方法技巧教程等，需要注意的是主题要足够清晰。

⑦ 流程细节。直播活动的流程细节就是直播脚本策划，是指开播后直播内容的所有步骤环节，每个步骤环节都有对应的时间节点，并严格按照计划来进行。

⑧ 推广分享。直播开始前和进行时要做好相应的宣传推广工作，包括各个平台渠道的引流和推广工作，尽可能地吸引更多人前来参与直播活动，以提升其人气和热度。

⑨ 直播总结。直播活动结束之后，要对整个直播过程进行回顾，总结经验和教训，发现其中存在的问题和不足，对于一些好的方法和措施要保留和继承，以此来不断地完善和改进直播活动。

（2）直播脚本

前面提到的直播内容的流程细节也即直播活动脚本，那么一个完整的直播活动脚本策划究竟应该有哪些环节和步骤呢？下面以抖音直播为例，介绍直播的脚本策划模板，帮助大家写好直播活动脚本。

（1）直播主题

直播主题即直播间的标题，该直播主题为"微胖妹妹夏季显瘦穿搭"。

（2）主播及介绍

此次主播是×××，该主播的身份是品牌主理人、时尚博主和模特。

（3）直播时间

2021年×月×日14点到18点。

（4）内容流程

该直播活动的内容流程一共分为12个步骤，具体内容如下。

● 前期准备：准备工作包括直播宣传、明确目标、人员分工、设备检查和产品梳理等。

● 开场预热：14:00～14:15，先与前来的观众适度互动，并自我介绍等。

● 品牌介绍：14:15～14:30，强调关注店铺，介绍品牌等。

● 直播活动介绍：14:30～15:00，直播福利、简介流程和诱惑性引导。

● 产品讲解：15:00～16:00，从外到内，从宏观到微观，语言生动真实。

● 产品测评：16:00～16:30，从顾客的角度360度全方位分享体验。

● 观众互动：16:30～17:00，为观众进行案例讲解、故事分享和疑问解答等。

● 试用分享、全方位分析：17:00～17:15，追求客观性，有利有弊，切忌夸夸其谈。

● 抽取奖品：17:15～17:30，抽奖互动，穿插用户问答。

● 活动总结：17:30～17:45，再次强调品牌、活动以及自我调性。

● 结束语：17:45～18:00，准备下播，引导关注，预告下次内容和开播时间。

● 复盘：直播活动结束之后对整个过程及时进行复盘，发现问题、调整脚本、优化不足等。

以上就是直播脚本策划的整个流程和步骤，只有制定一份详细、清晰和可执行的脚本，同时思考各种突发状况的应对方案，才能最大限度地保证直播活动的顺畅进行，以达到主播的预期目标。

需要注意的是，直播脚本的内容并不是一成不变的，只有不断地优化和调整脚本才能对直播的操作更加游刃有余。一份出色的脚本是直播取得预期效果的必要条件，可以让直播有质的飞越。

12.1.2 策划直播活动方案

当机构和主播确定好直播脚本后，为了使整场直播更好地进行，就需要制定出清晰而明确的活动策划方案。

这样能够便于工作人员对活动方案有一个明确的认知，判断它的可操作性。在这个部分，需要让所有参与直播的工作人员清楚地了解活动策划要点、类型以及产品的卖点、直播间的节奏，并据此制定相关说话艺术，保证直播的有序进行。

（1）直播活动策划要点

脚本策划人员在制作活动脚本时，可以根据实际情况，考虑一次制作完一周的直播间脚本。这种节奏便于主播、工作人员进行时间安排，同时也能使一周的直播任务上下衔接清楚。临时做活动脚本策划可能会导致很多事情未考虑周全。

除此之外，在做直播活动脚本时，主播可以把活动策划的点细分到主播在直播间的每个时间段。这样可以让主播把握整个直播节奏，通过说话艺术从容地带货。

（2）直播活动类型

直播活动策划的类型有以下两种。

① 通用或基础活动。这种直播活动的力度属于中等程度，常见的直播活动形式包括新人关注专项礼物、抢红包雨、开播福利、下播福利等。图12-5为某直播间里的关注有礼优惠活动。

图12-5　某直播间里的关注有礼优惠活动

直播中不同时间段的通用活动都需要在脚本中明确好，这样主播才可以通过说话艺术从容地对观众、粉丝进行引导，增加用户的停留时间，提高直播间的流量。

② 专享活动。这种活动的力度比较大，可以设置成定期活动，比如主播固定进行每周1元秒杀、周二拍卖等，或其他类型的主题活动。

这种大力度的周期活动不要求每天都进行，但活动力度一定要大，这样才可以通过说话艺术的引导，快速提高产品的销量。同时，由于这种活动的吸引度很大，可以促使用户记住直播间。

（3）产品卖点和节奏

直播间的商品可以分为爆款、新品、常规和清仓这几种类型。主播需要对不同类型的商品进行卖点提炼，同时要在直播活动脚本上安排固定的时间段来进行产品推广和产品讲解步骤，这些都需要注意。

如果是服装类的带货直播，主播需要不断地补充相关的服装知识，因为流行的服装款式和风格一直在不断变化。如果主播在开播前没有熟悉直播间流程和商品信息，那么就容易让主播处于尴尬冷场的局面，也就打乱了直播的节奏。

12.1.3　执行直播活动方案

主播想要圆满地完成整个直播活动，就需要对直播活动的执行过程有一定的了解。直播活动方案的执行过程主要有以下3个方面，如图12-6所示。

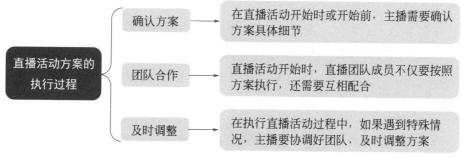

图12-6　直播活动方案的执行过程

12.2

直播活动策划的执行

主播在直播时，可以通过举办活动来激发受众参与互动的积极性。本节主要介绍直播活动执行的模板、开场技巧以及直播互动的玩法等，帮助主播做好直播的策划与执行。

12.2.1 直播活动方案的模板

开展直播活动之前，主播要制定好直播的活动方案，一般来说，直播活动方案的模板有以下几个方面的内容，如图12-7所示。

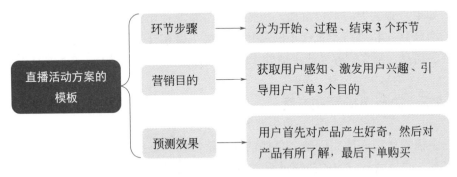

图 12-7 直播活动方案的模板

主播要以上面的方案模板为基础，围绕其中的核心内容来策划直播活动的方案，这样执行的直播活动才能达到预期的目标和效果。

12.2.2 直播活动常见的开场

在直播活动开始时，一个合适精彩的开场能够让受众眼前一亮，对直播活动充满兴趣和好奇。下面将介绍直播开场设计的5大要素以及直播活动的开场形式，帮助主播取得直播活动的"开门红"。

（1）开场设计的要素

俗话说："好的开始是成功的一半。"直播活动的开场设计非常重要，直播开场给用户留下的第一印象，是决定用户是否继续留在直播间观看的关键。所以，要做好开场设计，可以从以下几点着手，具体内容如下。

① 激发兴趣。直播开场设计的第一要点就是要激发用户的兴趣，只有让用户对直播的内容感兴趣了，直播才有进行下去的意义。因此，主播可以利用幽默的语言、新奇的道具等来引起用户的兴趣。

② 引导推荐。由于直播前期宣传和平台自身所带来的流量有限，所以在直播活动开始时，主播需要利用现有的用户为自己拉新，以增加观看的人数，提

高直播间的人气。

③ 场景带入。因为每个用户观看直播时所处的环境都不一样，所以主播要利用直播开场让所有的受众快速地融入直播活动的场景之中。

④ 植入广告。营销是举办直播活动的目的之一，因此在直播开场时，主播可以从以下几个方面来植入广告，渗透营销目的，如图12-8所示。

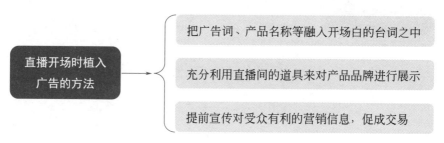

图 12-8　直播开场时植入广告的方法

⑤ 平台支持。一般来讲，各大直播平台都会对直播的资源位置进行设置和分配。图12-9为哔哩哔哩直播平台在首页的直播类型分类和直播活动推荐等模块进行的展示推荐。

图 12-9　哔哩哔哩直播平台首页的资源位置分配

利用直播开场快速提升人气，积极引导互动，会有概率获得平台的推荐位置，从而获得更多的流量和曝光度。

（2）活动开场的形式

在直播活动策划中，常见的开场形式有以下几种，如图12-10所示。

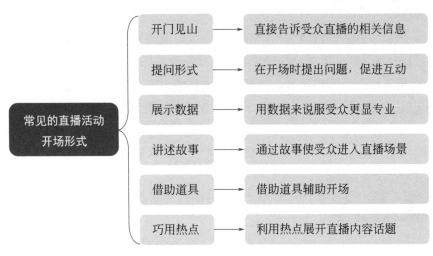

图 12-10 　常见的直播活动开场形式

12.2.3 　5种直播互动的玩法

在直播的活动中，主播可以通过弹幕互动、情节参与、赠送红包、发起任务和礼物打赏等方式来与粉丝进行互动，提高直播间的活跃度。

（1）弹幕互动

弹幕互动是近几年兴起的一种新的网络社交互动模式，典型代表莫过于B站了。正是B站这种独特的弹幕文化，把很多人聚集在了一起。他们通过弹幕找到了热闹和快乐，治愈了自己的孤独感，这也是B站用户高黏性的关键因素之一。

另外，弹幕使得不同时空的人开始有了交集，有的时候用户在某个视频上看到的弹幕有可能是很早以前发的，在同一个视频下，他们用弹幕进行了沟通和交流，而所有观看视频的用户就成了这场交流的见证者和参与者。

例如，2020年B站某主播与人民网合作，同科学院院士等人展开了一场以"万物互联"为主题的对话直播。在对话直播中，网友们纷纷用弹幕进行评论说："×××好大的排面""××，你又胖了，该减肥了""咦，那个小胖子就是×××的真面目吗？好可爱"等。而该主播在看到弹幕区的评论后，自我调侃地说道"200斤的胖子就是这样的"，或者打趣道"我根本不胖，我就是被打肿的"。图12-11即为B站视频中用户进行的弹幕互动。

图 12-11　B 站视频中用户进行的弹幕互动

（2）情节参与

在户外直播中，主播可以按照受众要求来安排直播内容的情节，提高受众的参与感。例如，B 站的某主播就经常按照粉丝的要求模仿电影中的情节做直播。图 12-12 为该主播模仿影视剧情节的画面，他打算用石头磨断捆绑在手上的绳索。

图 12-12　某主播模仿影视剧情节的画面

（3）赠送红包

在电商直播带货中，主播可以利用赠送红包等优惠活动来激发受众的购买欲望，促使受众下单，提高直播间产品的销量，如图 12-13 所示。

图12-13 直播间的赠送红包活动

（4）发起任务

主播可以在直播平台发起任务和受众一起参与活动，增加和受众互动的机会，调动受众参与的积极性。

（5）礼物打赏

礼物打赏是直播间常见的互动模式，粉丝给主播打赏礼物是出于对主播的喜爱和认可，所以主播应该对赠送礼物的粉丝表达由衷的感谢，并利用这个机会跟粉丝积极地沟通交流、联络感情。

12.2.4　在直播中如何欢迎用户

在直播的过程中，主播如果能够掌握一些通用的话语，会让直播活动效果变得更好。下面对直播活动通用话语进行分析和展示，帮助大家更好地提升直播活动的吸引力。

（1）用户进入，表示欢迎

当有用户进入直播间之后，直播评论区会有显示。主播在看到用户进入直播间之后，可以对其表示欢迎。

当然，为了避免欢迎话语过于单一，主播可以在一定的分析之后，根据自身和观看直播用户的特色来制定具体的欢迎话语。具体来说，常见的欢迎话语主要包括以下4种。

① 结合自身特色：如"欢迎×××来到我的直播间，希望我的歌声能够给

您带来愉悦的心情。"

② 根据用户的名字：如"欢迎×××的到来，看名字，你是很喜欢玩《×××》游戏吗？真巧，这款游戏我也经常玩。"

③ 根据用户的账号等级：如"欢迎×××进入直播间，哇，这么高的等级，看来是一位大佬了，求守护。"

④ 表达对忠实粉丝的欢迎：如"欢迎×××回到我的直播间，差不多每场直播都能看到你，感谢一直以来的支持。"

（2）用户支持，表示感谢

当用户在直播活动中购买产品或者给主播刷礼物时，主播可以通过一定的话语对用户表示感谢。

① 对购买产品的感谢：如"谢谢大家的支持，×××产品不到1小时就卖出了500件，大家太给力了，爱你们哦。"

② 对刷礼物的感谢：如"感谢××哥的嘉年华，这一下就让对方失去了战斗力，估计以后他都不敢找我PK了。××哥太厉害了，给你比心。"

12.2.5　在直播中如何用提问引导用户

如果在直播活动中要向用户提问，主播可以尝试使用更能提高用户积极性的话语。主播可以从两个方面进行思考，具体如下。

① 提供多个选择项：让用户自己选择，如"接下来，大家是想听我唱歌还是想看我跳舞呢？"

② 让用户更好地参与其中：如"想听我唱歌的打1，想看我跳舞的打2，我听大家的安排，好吗？"

12.2.6　在直播中如何引导用户助力

主播要懂得引导用户，让用户为你助力。在直播活动过程中，主播可以根据自己的目的，用不同的话语对用户进行引导，具体如下。

① 引导购买："天啊！果然好东西都很受欢迎，半个小时不到，×××已经只剩下不到一半的库存了，要买的宝宝抓紧时间下单哦！"

② 引导刷礼物：如"我被对方超过了，大家加把劲，让对方看看我们真正的实力！"

③ 引导直播氛围：如"咦？是我的信号断了吗？怎么我的直播评论区一直

没有变化呢？喂！大家听不听得到我的声音呀，听到的宝宝请在评论区扣个1。"

每场直播活动都有下播的时候，当直播活动即将结束时，主播应该通过下播话语向用户传达信号。那么，主播如何向用户传达下播信号呢？主播可以重点从3个方面进行考虑，具体如下。

① 感谢陪伴：如"直播活动马上就要结束了，感谢大家在百忙之中抽出宝贵的时间参与我的直播活动。你们就是我直播的动力，是大家的支持让我一直坚持到了现在。期待下次直播还能在看到大家！"

② 直播预告：如"这次的直播活动接近尾声了，时间太匆匆，还没和大家玩够就要暂时说再见了。喜欢主播的朋友可以明晚8点进入我的直播间，到时候我们再一起玩呀！"

③ 表示祝福：如"时间不早了，主播要下班了。大家好好休息，做个好梦，我们来日再聚！"

12.2.7　在直播中如何推销产品

主播在销售类直播活动中，需要掌握一些销售技巧和话语，这样才可以让直播活动更好地得到推广，进而提高主播自身的带货能力，让主播的商业价值得到提升。

即使主播已经将用户吸引进直播间，由于每一个用户的消费心理和消费关注点都是不一样的，在面对合适或有需求的产品时，仍然会由于各种细节因素没能下单。

面对这种情况，主播就需要借助一定的销售技巧和话语来突破用户的最后心理防线，促使用户完成下单行为。本节将介绍几种销售的技巧和话语，帮助主播在直播活动中提升带货能力，让直播活动传播得更广泛。

（1）强调产品，大力推荐

强调法就是在销售类直播活动中，主播需要不断地向用户强调这款产品是多么好，多么适合粉丝，在此次直播活动中该产品有多大的优惠力度，类似于"重要的话说三遍"。

当主播想大力推荐一款产品时，就可以不断地强调这款产品的特点，以营造一种热烈的氛围，在这种氛围下，粉丝很容易跟随情绪，不由自主地就会下单。主播可以在带货时，反复强调此次直播间产品的优惠力度，例如福利价五折、超值优惠、购买即送某某产品等。图12-14为某品牌直播间画面，该主播推出了满666元抽奖的活动，瞬间吸引了一大批用户关注该直播活动。

图 12-14　某品牌直播间画面

（2）示范推销，亲身体验

示范法也叫示范推销法，就是要求主播把要推销的产品直接在直播活动中向用户展示，从而吸引更多的用户关注此场直播活动。

由于销售类直播活动的局限性，用户无法亲自看到产品，这时就可以让主播代替消费者对产品进行体验。对于粉丝来说，由于主播相对更加了解产品的风格和款式，由主播代替自己来体验服装，粉丝也会更加放心。图12-15为示范法的操作方法。

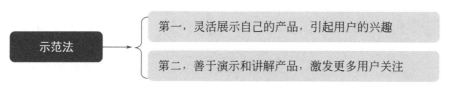

图 12-15　示范法的操作方法

① 灵活展示自己的产品。示范推销法是一种日常生活中常见的推销方法，不管是商品陈列摆放和当场演示，还是模特试用商品等，都可以称之为示范推销法。它的主要目的就是让消费者达到一种亲身感受产品优势的效果，同时通过把商品的优势尽可能地全部展示出来，吸引用户的兴趣。现在主播在直播活动中都会选择这种方式，对产品细节、美食的口味进行亲身体验。

② 善于演示和讲解产品。对于销售人员来说，善于演示和讲解产品是非常

有必要的，毕竟说再多，不如亲自试用一下产品。例如出售床上用品，可以创造一个睡眠环境，主播亲身在床上试睡，生动地演示和讲解产品。

（3）限时优惠，心理压迫

限时法是直接告诉消费者，现在举行某项优惠活动到哪天截止，在活动期用户能够得到什么。此外，主播还可提醒消费者，活动期结束后再想购买，就会花费不必要的经济支出。

"亲，这款服装，我们今天做优惠降价活动，今天就是最后一天了，你还不考虑入手一件吗？过了今天，价格就会回到原价位，和现在的价位相比，足足多了几百呢！如果你想购买该产品的话，必须得尽快做决定哦，机不可失，时不再来。"

这种推销方法会给用户有一种错过这次活动，之后再买就亏大了的感觉，同时最后的期限能使用户产生一种心理紧迫感。

主播在直播活动中给用户推荐产品时，可以积极运用这种方法，通过销售技巧制造紧迫感，也可以在直播界面通过文字来提醒用户。

12.2.8 在直播中如何引导用户购买

主播在直播活动中引导用户购买产品时，可以从介绍产品和赞美用户两个角度定制一些直播话术。

（1）介绍产品，劝说用户

介绍法是介于提示法和演示法之间的一种方法。主播在直播活动中可以用一些生动形象或有画面感的话语来介绍产品，达到劝说消费者购买产品的目的。下面分享介绍法的3种操作方法，如图12-16所示。

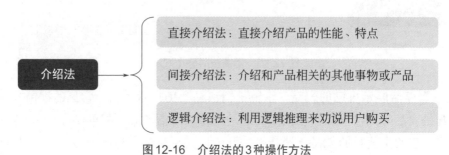

图12-16　介绍法的3种操作方法

① 直接介绍法。直接介绍法是指主播介绍或讲述产品的优势和特色，从而达到劝说消费者购买的办法。这种推销方法的优势就是非常节约时间，可以直

接让用户了解产品的优势，省掉不必要的询问过程。

例如，某款服饰的材质非常地轻薄贴身，适合夏季穿，主播可以直接介绍服装的优点，点出产品的优势，或者在直播活动时直接标明服装可以用消费券，以吸引用户购买，如图12-17所示。

图12-17　主播用直接介绍法介绍产品优点

② 间接介绍法。间接介绍法是指通过向用户介绍和产品密切相关的其他事物来衬托介绍产品本身的方法。例如，如果主播想着重体现服装的质量，不会直接介绍服装的质量如何好，而是通过介绍服装的做工和面料来表明服装的质量过硬，值得购买，这就是间接介绍法。

③ 逻辑介绍法。逻辑介绍法是主播采取逻辑推理的方式，以达到说服用户购买产品的一种沟通推销方法。主播在销售类直播活动中可以向用户传递"用几杯奶茶钱就可以买到一件美美的服装，你肯定会喜欢"的逻辑。这就是一种较为典型的逻辑介绍法，顺理成章且说服力很强。

（2）赞美用户，积极引导

赞美法是一种常见的话语技巧，这是因为每个人都喜欢被人称赞，喜欢得到他人的赞美。在这种赞美的情景之下，被赞美的人很容易情绪高涨愉悦，并在这种心情的引导下产生购买行为。

三明治赞美法属于赞美法中比较受推崇的表达方法，它的表达方式是：首

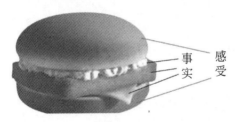

图12-18 三明治赞美法的表达公式

先根据对方的表现来称赞他的优点；然后再提出希望对方改变的不足之处；最后重新肯定对方的整体表现状态。通俗的意思是先褒奖，再说实情，再总结好处。图12-18为三明治赞美法的表达公式。

在主播销售中，主播可以利用三明治赞美法进行销售。例如，当粉丝在直播活动中提问："担心我的身材不适合这件裙子。"主播就可以对粉丝说，这条裙子不挑人，大家都可以穿，虽然这款裙子你没穿过，但是你非常适合这款裙子的风格，不如尝试一下。

12.2.9　在直播中如何回答问题

掌握了直播话语后，本节笔者将总结一些针对直播活动中观众常问及问题的解答示范，这样可以更好地帮助主播应对直播间的提问，确保直播带货的进行。

（1）X号宝贝，试用一下

用户提出这一类型的问题，表示用户在观看的时候，对该产品产生了兴趣，需要主播进行试用。

主播面对这类提问时，可以对用户的问题进行回答，并及时安排试用。例如在某服装直播中，部分粉丝要求主播试穿27号产品。主播在展示完一套衣服之后，便快速换上了27号产品，并将试穿效果展示给用户看，如图12-19所示。

（2）主播情况，多高多重

直播间通常会显示主播的身高以及体重信息，但是有的观众没有注意到，主播可以直接回复他，并且提醒一下直播界面上方有信息，有其他的问题可以继续留言。图12-20为某直播间的主播信息（如身高、体重等）。

图12-19 主播回应粉丝提出的试穿要求

图 12-20　主播身高体重信息栏

（3）产品尺码，是否适用

第三类问题是观众在直播间内问主播："我的体重是 ××，身高是 ×××，穿哪个尺码比较合适呢？"对于这类问题，主播可以讲述需要用户提供具体身高体重信息，再给予合理意见；或者询问用户平时所穿的尺码，例如连衣裙，可以说是标准尺码，平时穿 L 码的用户，可以选择 L 码，也可以自行测量一下自身的腰围，再参考裙子的详细信息选择适合自己的尺码。

直播主播也可以直接在直播间列出尺码参考表，如图 12-21 所示。当用户询问这一类问题时，直接让用户查看尺码参考表就可以了。

图 12-21　在直播间列出尺码参考表

225

（4）质问主播，为何没有理会

有时候粉丝会质问主播，为什么不理人，或者责怪主播没有理会他，这时候主播需要安抚该用户的情绪，可以回复说没有不理会他，直播间人数太多可能没完全顾上所有人，表示抱歉，并且建议用户多刷新几次。如果主播没有安抚他，就可能会丢失这个客户。

（5）×号宝贝，价格多少

用户之所以会问这个问题，主要是因为他没有看商品详情，或者是没有找到商品详情页面。对于这个问题，主播可以直接告知产品的价格，或者告诉用户如何找到商品详情页面。如图12-22所示，该主播直播结束后，直接在视频主页面上提示用户前往快手小店下单。

图12-22　视频主页面上提示用户